めざすは飛鳥の千年瓦

山本《やまもと》清一《きよかず》

草思社

口絵の説明

❶法隆寺金堂の下層東面の天窓から顔を出す著者・山本清一。毎年、節分のころ、屋根掃除をおこなう。

❷法隆寺金堂の上層から落ちる滝のような雨を受ける雨落ち瓦。重さは五キロほどだが、ずり落ちないように釘で止めてある。

❸雨落ち瓦の裏面。雨落ち瓦がずらないように止める役目のずり止めと「法隆寺」と「昭和二十五年新調」の文字が見える。

❹法隆寺五重塔を背に金堂の下層南西隅に立つ著者。

いずれも平成十七年二月撮影。撮影・齋藤亮一。

1

2

3

まえがき

瓦《かわら》の仕事をして六十年あまりになります。父親が瓦を葺《ふ》く仕事をしていましたから、わしは新制の中学には行かず、尋常高等小学校高等科を出て、そのまま父のもとで修業しました。それも別に瓦葺《かわらぶ》きの仕事を教わるということではなく、それまで休みの日に手伝っていたのが、毎日手伝うようになったということでした。

何でもそうだと思いますが、真剣にやっていれば疑問も出てきますし、わからんことも山ほどあります。しかし、それがええんですな。わからんから考える、そしてやってみる。それでもそう簡単にはうまくはいきません。考えそのものが間違っていることもありますし、手順が違うこともあります。実際には、できんことのほうが多いんです。それは、考えたとおりに自分の体がやれないからですわ。そのことに自分ではなかなか気がつかないもんです。

それでも、わからん、できないながらも、毎日真剣にやっているうちに、体や手がだんだん動くようになっていくんです。やっぱり職人は手間仕事が基本です。いかに上手に、速く、きれいに仕上げるかです。その日々の訓練が技を磨き、体をつくっていくんです。

頭だけではあかん。「こんなこと嫌や」、「つまらん仕事や」、「金になることは他にもあるんやないか」というようなことを考える前から、父のもとで身につけさせられたんですな。下手《へた》な考えや欲は修業の邪魔です。子どもでしたが、父を見ていて、早く父のようになりたいと思いましたな。腕のいい職人というのはすばらしいもんやと思いましたからな。

その後、法隆寺の屋根を見て、ああいうこともやってみたいと考えましたが、民家しかやっておらんわしには無理だと思っておったんです。それがふとした縁で、井上新太郎《いのうえしんたろう》さんの弟子にさせてもらったんです。また一からやり直しました。それでも父に仕込まれた屋根を葺《ふ》くという基本の考えは一緒ですわ。

屋根の役目というのは簡単です。雨を漏《も》らんように、そしてそれを美しく仕上げる。それだけですわ。

屋根を葺いた翌日から雨が漏《も》るんやったら、誰でも下手やとわかります。しかし、十年経って、気がついたら野地板《のじいた》が腐《くさ》っていたということもようあるんです。そういうことがないように、いかに葺くかということが大事ですのや。文化財にもそういう屋根はたくさんありましたな。国宝や重要文化財の屋根が漏ってどないしますのや。

葺き方の問題もあります。それは単に下手やったとか、ずぼらやとかいうのは話になりませんが、建物が建っている環境《かんきょう》や素材をどう生かすかということも大事です。建物と環境のことを読めなくてはなりません。これも丈夫な屋根を葺くために欠かせないことですわ。

それと文化財の場合には、復元や時代のまま維持するという難しい問題も出てきます。そのためにも勉強せななりませんでした。屋根屋の勉強は姿・形、時代様式を知るだけやなくて、それをきちんと葺けなければなりません。瓦を持つ手、置く手に時代の感覚を覚えさせせな仕事にならんのです。たまたま多くの機会を与えてもらいましたので、たくさんのことを学ばさせてもらいました。難しいこともようけあったし、難儀もしましたが、楽しかったですな。

さまざまやっているうちに瓦そのものにも欠陥や弱点があることもわかりました。瓦は何万枚と使いますし、なかには十万枚をこえる建物もあります。その瓦が悪いのではどうにもなりません。どこが悪くてそうなるのか。それが言えなくては、瓦屋に焼きの注文も文句もいえませんわ。それで瓦焼きも始めたんです。なんでもしてみなわかりませんのや。遠まわりな道です。結局、瓦工場も始めることになりました。

各時代の建物を手がけるようになりましたら、日本に入ってきたときからの瓦の移り変わりをたどってみんことには納得がいきませんやろ。そんなこんなで古代瓦の復元まで試してみることになりましたが、短い人生です、そんなにたくさんのことはできません。どれもこれも途中ですが、覚えたこと、身につけた技、復元の知恵みたいなもんはなんとかして、後から来る者に残しておかななりません。

国宝や文化財を守るには、結局は技と知恵を持った人がおらななりませんのや。わしの最後の仕事は後継者への技の引き渡しです。それもまだまだ途中ですが、瓦葺き、瓦づくりに丸ごと浸《つか》ったわしの生き方をここに話しました。まわりで助けてくれる方々への感謝もこめて、何か役立てばと思って自分の話をしたんです。恥ずかしいようなことばっかしやけど、かけらでもお役に立てば幸いです。

山本清一

平成十八年三月吉祥日

めざすは飛鳥の千年瓦 目次

第八章　唐招提寺金堂の鴟尾の復元

第九章　伝統技術の保存と継承

めざすは飛鳥《あすか》の千年瓦《せんねんがわら》

第一章　奈良・生駒の屋根屋を継ぐ

瓦葺き職人だった親父

わしの仕事は、いまは瓦《かわら》づくりもしていますが、初めのころは瓦を葺《ふ》くことでした。うちの親父が瓦を葺く仕事やってましたのや。瓦を葺く仕事を「屋根屋《やねや》」というてましたな。いまでもいいまっせ。それで瓦をつくるのが「瓦屋《かわらや》」です。祖父は屋根屋やないですわ。親父の代から「屋根屋」です。わしは、昭和七（一九三二）年十一月一日、奈良県生駒市《いこまし》に生まれました。いまの家と事務所は近鉄・生駒駅のそばですが、生まれた家は線路の反対側でした。

名前は清一《きよかず》で「一」がつきますけども、長男やなくて八人兄弟の四男ですのや。親父は宇之松《うのまつ》、明治三十六（一九〇三）年八月二十八日生まれ。お袋はマス。長男・秀夫《ひでお》は、小学校を卒業して、郵便局へ行っとったんですが、戦争で足を負傷して戻ってきました。最後は郵便局長をやってましたが、だいぶ前に亡《の》うなりました。次男・義光《よしみつ》は、これも航空隊の整備兵に志願して行き、終戦になって帰ってきて、わしが尋常高等小学校高等科（いまでいう中学校課程）を卒業するときまでの間、親父と仕事をしていましたが、わしが親父の下で見習いを始めてから辞め、その後、大阪の交通局に勤めました。つい最近亡うなりました。三男・実《みのる》は、近鉄の高安《たかやす》工場へ入って、ずっと技術屋でした。

わしは四男、男で一番終《しま》いや。下四人はみな女です。妹たちは三歳ずつあいてますんや。一番ちっこいのは終戦間際《まぎわ》に生まれたんです。終戦後、わしが一番下の妹をようおぶってましたなあ。

親父は八人の子どもを抱えて、屋根屋で養うていたんです。わしは子どもながらにその苦労も見てました。一番難儀だったのは終戦直前で、わしが十三歳のころでした。

戦争中は、健康なもんは軍隊行きでした。船後さんという医者が、近くにいて、近所の人はみなお世話になってました。その人に親父が身体検査をしてもろうたとき、どっか悪いといわれて、げっそりしていたのを覚えています。結局、親父は徴用（防衛隊）に行くことになり、内地で防空壕《ぼうくうごう》掘りをしたり、兵隊さんのご飯炊《はんた》きだとか下働きをしてましたな。兄貴たちも戦争に行ってしもうて、男で家に残っていたのはわしだけでした。あとはおかん（母親）と妹たちだけでっしゃろ。そのとき親父はもういい年ですよ。それは難儀でしたな。

それでも、もうちょっとしたら神風が吹いて、アメリカの飛行機はみな落ちよるねんとか、航空母艦も沈むでとか、そんな話ばっかりしてましたわ。生駒の上空にもずいぶん米軍の飛行機が来ましたよ。東生駒のちょっと行ったとこに軍需工場があったから、そこをめがけて艦載機《かんさいき》もやってきました。機銃掃射《きじゅうそうしゃ》もありましたで。

初等科六年生（いまでいう小学校六年生）のころまでは、ある程度の勉強はでけとったんやけども、高等科になってからは柳本《やなぎもと》というとこで、飛行場の奉仕作業をやってました。あれ、海軍の飛行場やったんかな。学校の生徒がみな飛行場の端から端までモッコをかつがされてな、もう働いとるのは子どもばっかりでしたわ。情けない話ですわ、小学生でっせ。それで食う物がないんですわ。食べられそうな草は、タンポポからなにからみな食べました。ほんまによう生きたと思いますなあ。

昭和二十（一九四五）年八月十五日、敗戦のときのラジオ放送は何をいうとるのか、さっぱりわからんかったですな。家で聞いたんとちゃうかなあ。親父は帰ってなかったから、妹たち四人とお袋やったかな。なにやら戦争は負けたというてましたが、わしらは負けた気がしてなかったしな。まだまだ戦争をやっても勝つつもりでしたからなあ。

親父は戦後まもなく帰ってきました。それまではわしが大黒柱になって働かなきゃいかんと思って、畑をつくっていましたなあ。山を開墾《かいこん》してサツマイモや小麦、ジャガイモ、エンドウ豆、ナスなんかを植えておったな。そのころは、妹を連れて山へ行き、焚《た》きつけの松葉を熊手《くまで》でかき寄せて、持って帰ってましたな。それは自分とこの家用です。そないな生活でした。

炭焼きと豚スト

初等科五年生からは、運動場を耕して農作物をつくってました。イモ当番というのがあって、サツマイモが穫《と》れる秋ごろになると、イモが盗まれんように、夜、十人くらい学校に泊まって、五人交代で巡回しますんや。あのときは眠たかったなあ。

高等科二年のころには、炭焼きをやりました。小使いさん（用務員）の中西さんが炭焼きの先生で、学校の裏山で窯《かま》づくりからやりましたな。炭になる原木を伐《き》りに行って運んでな。細い腕節くらいのもんやったけど、一メートルちょっとくらいのを縄で結《ゆ》わえて、かついで持って帰って来ました。それは上級生全員の仕事でしたな。

あのころは、学校の授業に武道がありましたんやが、日本は戦争に負けて、武器は全部没収になり、学校でも木刀も薙刀《なぎなた》もあかんということで、それらを窯《かま》に積んで炭にしました。これが初めての窯焚《かまた》きでした。

わしは炭焼きの責任者でした。そうすると昼も勉強せんでいいわけです。あのころは悪いもんはおらんかったけど、生意気やったなあ。配給でしかもらえない煙草《タバコ》（巻き煙草にしてないもの）を、親父の目を盗んで持ってきて、それを紙に巻いて吸うてなあ。キセルをもってきてるやつもおったなあ。そしたら、中西さんに吸うてるところを見つかり、えらい怒られると思ってたら、「わしにもちょっと一服吸わしてくれ」と。中西さんも配給であまりもらえなかったんや。仲間が「先生にいうなよ」と口止めしてましたな。煙草は、ほんま何も考えずにおもしろ半分でしたが、そんなことして炭焼きしてましたわ。

炭焼き当番というたら、ほんまに長い時間でっせ。焚き出したら夜中もずっとついてなりませんのや。窯の蓋《ふた》をする前になると、中西さんがついていてくれましたんや。それから煙突を倒して蓋をしてな。二、三日置いて冷めてから窯から炭を出しますのや。そうすると木刀が短こうなって、蛇みたいにニョロニョロになってました。薙刀もな。みな最後のお別れ剣道やというて、炭を持てるだけもって、運動場で叩きあいをしましたら、炭がバラバラになってしもうてな。えらい先生に怒られましたなあ。

豚も三、四頭、学校で飼うてました。毎日休みなく餌《えさ》を食わさないけませんやろ。夏休みも冬休みも正月もありませんでしたな。毎日、授業中に交代で生駒駅周辺の料理旅館やとかに、豚の餌になるような残飯をもらいにいきますんや。わしらでさえ食う物がないのに、残飯というたって、まともなものなんてなかったんですよ。一尺五寸に三尺（約四五×九〇センチ）くらいの箱二つをリヤカーにのせていきましたなあ。残飯の汁がたれて臭かったですわ。人間もろくに食べる物がないのやから、豚の餌もない。豚も腹を減らかして、授業中にギャーギャー鳴いてましたな。その豚、食べましたわ。

祭りの三日ほど前、体操の谷村先生が柵《さく》のところから豚を引っ張り出して、眉間《みけん》を与岐《よき》(大ハンマー)で幾度か叩いたんです。えらい豚が鳴いて、かわいそうでした。わしらの知らんところで、豚を料理しようということになっとったんですな。それで、わしらも一生懸命育てたから、豚の肉をもらえるとみな思ってましたんや。それなのに五センチ角くらいの皮を二枚ずつくれたんかな。そしたら、みな「肉はどうするんや、先生ばっかり食うんか」って怒ってな。

それで祭りの宵宮《よいみや》の日に、ストライキをやりました。あのころは、あっちもこっちも労働者はストライキやってまして、わしらも「ストライキや」いうてな。松田義信という先生が、わしらの担任でした。そのときは、学校へ行かずに生駒神社へ遊びに行ったもんと、奈良へ映画を見に行ったもんがおりました。わしは神社へ十二、三人くらいと行ったんかな。そうしてたら「先生が来た」と誰かが言い出して、急いで森の中に隠れたんや。先生はわしらの気配に気づいてるんやけど、涙ぐんで何もいわんと、てくてくと歩いているんです。それ見て、なんや気の毒になりましてな。出ようということになって、それで先生の後ろをアヒルの子みたいにゾロゾロついて学校へ帰りました。そのとき、わしは級長をしてました。教室に入ると、「校長先生のところに行って来い」と松田先生にいわれましてな。「はい」と返事をして便所に行って、校長先生のところには行きまへんでしたな。

ちょうどその日は、親父も祭りで仕事は休みでした。神社で遊んでいる間に、先生が学校に来てないと、わしの家へ来て言ったらしいんです。親は「学校に行きました」というてな。そやけど、先生はわしが、「学校におりません」ということで……。そんなことがあったとも知らんと、わしは帰ったとたん、親父に怒られて殴られましたんや。おかんにも怒られましたわ。「お前はなんちゅうことをしたんや」と。

それから二日ほど経ってから、わしらの気持ちが届いたんか、大きな鍋《なべ》で豚汁を炊いてくれました。そりゃ、おいしかったですわ。みなそのことを「豚スト」というてましたな。

学校で炭焼きしたころ、家でも三俵くらい焼ける窯をつくって、炭焼きしましたで。

小さな後悔

親父の仕事を継いだのは兄弟ではわしだけですが、最初は親父の後を継ごうとは思っていなかったんです。初めは学校の先生になろうと思うておりましたんや。初等科の六年生は、進学するもんにとっては針路を決める時期で、頭のええ子はよその旧制中学（いまの高校）に行ってました。師範学校はお金がいらんかったから、同級生の一人が初等科六年から師範学校の予備校へ行きました。わしはその友人に、「高等科二年から行くわ」というておったんです。わしは学校でも成績がまあまあよかったから、親父は学校へ行きたかったら行けというてました。しかしあのころは終戦で世の中がおかしいなっとったし、家族が食べるのに、もうどうもこうもいかなかったしね。それで親父の仕事を継がなければしゃあないなあとも思うてました。

そしたら、長男の秀夫が足を負傷して帰ってきてね。終戦の十日前に、中国の漢口《かんこう》でやられたんです。終戦になっても、どないしているのやらわからんかった。それで昭和二十一年になってから、広島の呉《くれ》まで迎えに来いという通知があって、親父と親戚の者が迎えに行きましたが、そのときには、足を切断するかどうかというような重体やったんです。もう患部が壊死《えし》してましたな。だいぶ長く病院へ入っていました。あれは大変やったですわ。

あのころはとにかく食べる物がなくてな。ヤミならありましたが、わしらには高くて買えませんのや。親父は屋根屋の仕事で百姓家に行って、お金でもろうたって食うもんが買われしまへんから、米か麦を代金代わりにもらってきてましたな。

農家かて米の供出《きょうしゅつ》がきつうて、そうはくれまへんでしたな。またそうやって米や麦を手に入れても、取り締まりも厳しいときでしたやろ。隠して持って帰ったかて、途中で捕まって取られてしもうたりしてな。せっかく働いて稼いだ米を持って帰れなんだ。そういうこともありましたな。

あのころ、屋根屋として一日働いて、玄米で一升五合もらえたら、よっぽどええとこでした。親父がいうとったんですけど、大正から昭和のかかりぐらいやったら、一日働いたら米二斗もらえてたって。二斗というたら一俵の半分です。それが一升五合しかもらえないて、よう嘆いてましたで。

家もそうやし、学校もあのころは勉強なんてできる状況やなかったですからな。高等科二年になっても勉強はもうほとんどしてまへんわ。それにわしはもうそのころには屋根屋になる気でいたから、別にそう無理矢理勉強をしなくてもという気もあったんやろうな。学校にいるときから、休みの日には親父の手伝いをしてましたしな。

そんなこんなで、新制中学ができてたんですけど、行きまへんでした。先生になりたいと思っておったけれども、親父の仕事も嫌《きら》いやなかったですし、屋根屋を継ぐのもそんな嫌《いや》だということもなかったですからな。

しかし、一度そのことで悔《く》やんだことがありました。同窓会を開くときに同級生の住所を調べるんで、学校へ行って学籍簿を見せてもらったんやが、わしの項に「誠に惜《お》しき人物なり」と書いてあったんです。「学校の先生になりたい」と先生にはそないにいうてましたからな。先生もわしを先生にしてやろうと思うておってくれたんですな。それなのに屋根屋になったからなあ。そのことを書いてくださったんですやろ。わしは先生に嘘《うそ》をついたんやなと思ってね。あのときは、先生の気持ちを知ったというのもあったし、同級生がみなサラリーマンになってきれいな服を着てネクタイ締めておるのに、わしだけドロドロの服に地下足袋《じかたび》を履いて、あかぎれだらけの手やろ。ひびの間に黒い膏薬《こうやく》を詰めていますのや。あのときは、親父の後を継いで屋根屋になったのを少しばかり後悔しましたな。その後しばらくは、町なかで仲間に会うのも嫌やったしなあ。そういう引け目のある気持ちはしばらくひきずっておりましたな。

十四歳で親父に弟子入り

昭和二十二（一九四七）年、十四歳で高等科を三月に卒業すると、すぐ親父の弟子になりました。屋根屋、瓦葺き職人への入門です。弟子になるというても、祝いとか儀式とか、そんなもんは何もなかったですな。学校へ行ってたときも手伝っておったんですが、こんどは朝起きたら親父の後について一日中仕事をする。これまでとの違いというたら、そんなんですわ。仕事場に行くときは、親父の自転車の後ろへ乗せてもろうて行きましたな。

わしはあのころ、体も小さかったからね。小学校ではずっと一番前でした。親父もそんなに大きいなかったです。兄貴はみなわしよりも背も高いし、ごっついですわ。わしは二十歳になってやっと六〇キロになったんです。職人は、十六貫（六〇キロ）、米俵一本ぐらいなかったらあかんというてましたな。この仕事を始めて二、三年は小さかったけど、働いているうちに体ができてきたんです。いま身長は一六五センチです。

そやから、初めのころは、わしを手伝わせても施主《せしゅ》さんから金をもらわれへんというて、親父は嘆いておりましたな。弟子の手間賃《てまちん》として、なんぼかはもろうてたんやろうね。そのころの親父の手間賃は、一日に玄米で一升五合でした。

あのころは家族十人で、その一升五合を、さらに三食に分けて家族全員で食べるんやから大変ですわ。それから配給米が二合《ごう》三勺《せき》でしたな。それも米と違うて、ええので麦ですやろ。あとは、サツマイモやとかコーリャンやとかね。豆粕《まめかす》というのもありましたな。大豆の油を搾《しぼ》った残りです。アメリカの牛の飼料ですな。それと小麦を粉にするときに残った皮の屑《くず》（小麦のぬか）のフスマまで捏《こ》ねてパン焼きで焼いて食べましたな。パン焼きというても箱の両脇から電流を流す簡単な手づくりのもんです。それとね、キューバ糖というて黒砂糖もありましたが、それもみなその二合三勺の配給のなかに含まれますのや。まあ、そんなですから主食というても団子《だんご》汁《じる》みたいなもんですわ。

わしと親父は仕事に行った先で食べさせてもらっていました。農家の仕事やったら昼と晩は飯《めし》がつきましたのや。麦飯やったけど腹一杯食えます。そのかわり、朝は早いし、晩は真っ暗になるまで仕事をしました。

施主《せしゅ》さんのところでご飯を食べさせて頂くというても、親父と二人だけで食うんやないんでっせ。

あのころ、屋根を葺くときは、親戚とか近所の人とかが来ますのや。集落や町内ごとの手伝い合いですわ。瓦を運んだり、土を捏《こ》ねたり、みな手伝うんです。それで夜はそれらの人たちがみな飯を呼ばれる。お酒はよっぽどでないとなかったですな。

わしら弟子も同席させてもらっていました。そやけど大工さんやとか他の職人さんと一緒になったときは、なかなか食べられしませんのや。お櫃《ひつ》がわしら弟子のそばに置いてあって、親方たちによそってあげなならんのです。みなによそって、さあ、自分が食べようと思うころには、もう「お代わり」って出てくるからね。親方連中に出すときには、お茶碗にご飯を思いっきり押さえつけて、食べるのに少しでも時間がかかるようにしてから、早く自分の口に入れようとするんやけども、親方たちはみな鍛えてきてますから、わしらが二口か三口食べたら、もう空《から》の茶碗を出してくるもんな。「なんやこの人、嚙《か》んでへんのかな」と思うぐらいですわ。

だからというて、わしら弟子は親方たちが終わった後に食べるわけにいきませんのや。遅うまで食べてたら怒られますさかいな。だから、みな昔の職人さんは食べるのが早いんですわ。

十七、八歳ぐらいまではそんなもんでしたなあ。それでもわしらはまだいいほうやって親父はいうてましたな。

親父は九歳から屋根屋の弟子に行かされたというていましたからな。家が貧しかったから、五年契約で弟子に出され、奉公先でご飯を食べさせてもらって、ほかに親がなんぼかもろうていたのかなあ。九歳やったら何にもできへんから、初めは子守りと弁当運びや。子どもをおぶうて現場に弁当を持って行くんやけども、子どもを連れていかなんだら、屋根へちょっと上らしてもらえたんです。そやけど、そこまでがなかなかさせてもらえなかったというてましたな。それに比べたら、わしは親父のもとでの修業やったから楽やったのかもしれませんな。

法隆寺の仕事もした父

職人は一日なんぼやから、施主さんはできるだけ速くて、うまいこと葺く職人を雇うわけです。屋根屋にしてみれば期間は長いほうがいいのやけど、そんなことしとったら、仕事がもらえまへんわ。やはりあそこは速くて、できたもんが丈夫やといわれんとね。

わしがいうのもなんですが、親父の腕はなかなかよかったですな。戦前は、民家ばかりではなく寺なんかもやってました。法隆寺にも行ってたそうです。親父の親方が腕のいい人でね、法隆寺へも行ってましたから、親父も職人として呼ばれて行っていたんや。そのころは文化財を葺くのも民家をやるのも区別なしにやっていたんですな。

わしが後になって法隆寺に行くようになったころは、西岡さんと藪内《やぶうち》さんという棟梁《とうりょう》が二人でした。五重塔の修理は藪内さん、金堂の修理は西岡常一《にしおかつねかず》さんのお父さんで楢光《ならみつ》さんでした。常一さんは副棟梁でしたが、仕事をまとめていました。そこに大工さんたちや手伝いさんもおられてね、わしの親父の親方の話がよう出ましたな。手伝いさんというのは民家やったら親戚や近所の素人《しろうと》の人たちですが、文化財や大きな建物の場合には、雑用や職人の仕事がスムーズにいくように手伝ってくれる、ちゃんとした職人がおったんです。わしらが瓦を葺くときには土を置いたり、瓦を並べたりするときの手伝いさんを「手元《てもと》」といいます。まあ、そういう人らが休憩時間にさまざまな話をしますのや。

親父の親方は、ほっぺたの片方が瘤《こぶ》みたいに脹《ふく》れていたそうで、「二百十日」というあだ名やったそうです。秋も二百十日ごろになったら稲の穂が出てるもんと、出てないもんがあるのやて。それで片方だけ瘤やったから、二百十日て呼ばれてたんやというてましたな。その親方の話のときに、うちの親父のことを覚えてくれている人もおりましたわ。それで、なるほど、親父はこんなとこへ来ておったんかいなあと思うたことがあります。

わしら弟子や見習いには休憩らしいものはなかったんですが、親方たちが休憩時間に話してることからさまざま教わることも多かったですな。

新しい民家の普請《ふしん》には、大工と現場で一緒になりますやろ。休憩時間には、大工の弟子たちは研《と》ぎ物をしてましたし、こっちは鏨《たがね》を研いだり、瓦を緊結《きんけつ》する銅線を切って、午後の仕事の準備をしてました。休憩時間に休むのは親方や一人前の職人だけですわ。見習いが休憩してたら格好悪いというて、親父に怒られましたな。

現場ではさまざまな職人と一緒になりましたし、いろんな仕事を見ましたが、大工や左官や石工《いしく》やらの職人になりたいとは思わんかったですな。わしは腕のいい屋根屋になる、そう決めてましたからな。

施主が用意した瓦

昔は新築も修理するときも、屋根の瓦を買ったり釘《くぎ》を買ったりするのは、みんな施主さんですわ。

わしらは道具と体だけを持っていけばよかったんです。仕事を請《う》けた場合は、「この屋根やったら瓦を何枚、釘をどれだけ、銅線なんぼ買うておきなはれ」というておけばよかった。銅線は瓦を緊結するために必要だったんです。

いまは必要なものは屋根屋が全部揃《そろ》えて持って行きます。そやから昔は自転車で現場に行けとったのに、このごろは軽自動車にいっぱい積んでいっても、まだのせきらんほど道具や材料がありますんや。こんなのはほんま最近のことですわな。いまはどんな小さい屋根でも、みんな機械で瓦を上げる。梯子《はしご》を掛けて担《かつ》いで上げるというのはもうないですもんな。昔は、梯子やったらどんな施主さんのとこにもあったから、小さい手提《てさ》げ鞄《かばん》一つで仕事に行けたんです。

いまはサンダーだとかカッターだとかありますが、昔は鏨《たがね》や金槌《かなづち》、差金《さしがね》に水糸《みずいと》、鏝《こて》ぐらいのもんや。屋根に瓦を葺くときに寸法が合わなければ瓦の縁《ふち》を欠き取るんですが、それを金槌の端っこを使って上手にやるんです。石屋さんと一緒で、金槌の角でカチカチッと欠き取るんですな。瓦を真ん中から二つに割るときは、わしらの金槌の一方は先が研いでありますから、そこで傷をつけて割ります。きれいに割れますよ。

金槌も使いようなんですけども、いまは瓦をみなサンダーやカッターで切るから、そういう技術がみななくなってしもうてな。「こんなもん、金槌でやったらできるやろ」というたって、なかなかできませんわ。またこっちも技のないもんにやらせて失敗ばっかりされたらかないませんしな。そないいうて、やらせないようになっとるから、よけいあきまへんな。

昔は、材料は施主さんがみな先に仕入れて買うてあるし、手元は施主さんとか親戚の人とかが来ますやろ。そんな人たちの前で金槌で割るのや欠き取るのを失敗したら、「あの屋根屋、きょう瓦を何枚割りよった」といいよるんです。せやから、もし失敗したら、「この瓦はちょっと割れ過ぎた、別のところへ使うからまわして置いてくれ」とか、そういう配慮をせんといかんのや。みんなの目の前でやっとるからな。人のお金の仕事というのは、それは厳しいもんでっせ。

初めて買ってもらった地下足袋

当時は仕事場へ行くというても、乗り物というたら自転車やった。新しい自転車を買うたら、みなに羨《うらや》ましいといわれてな、そんな時代です。わしが自転車を買うてもろうたんは二年ぐらいたってからかな。弟子入りしたころはまだ小さくて自転車のペダルまで足が届かんぐらいやったからな。

服装も質素なもんでしたな。屋根屋の服装というても別に決まったもんがあるわけやなし、あるものを着てるだけでしたわ。足元は地下足袋《じかたび》です。

そやけど、わしが見習いのころは藁草履《わらぞうり》でしたわ。それも自分でつくった草鞋《わらじ》でっせ。初等科の四年生のときに、向かいのおばあさんに藁草履のつくり方を教えてもろうたんです。それで、家族や親父にもつくってやりましたし、欲しいという友だちには安う譲ってやったんです。わしのは藁もよう打ってあるから締まって強いさかい人気があったなあ。それは小遣い稼ぎというか、家計を助けるためやったんですわ。

初めて親父がわしに地下足袋を買うてくれたのが、ごっついやつだったんですわ。しかし、半日履いて、なんか足が痛いなと思うて裏を見たら、ポーンと二つに割れて土や瓦くずが入っておった。それで、「もう痛うて履かれへん」、そういって見せたら、お前の履き方が悪いって親父が怒りますんや。高いものを買うてやったのに、お前の履き方が悪いって。そんなこといわれてもなあ。その当時の地下足袋の裏は再生ゴムでつくられていて、見た目には分厚くて丈夫そうやけど、弾力性がないため割れてしもうたんや。それでまた、しばらくのあいだ藁草履でしたわ。

親父にはよう怒られました。きつかったですな。よそに行って恥ずかしくないようにしなきゃならんと思って仕込んでくれたんやろな。しかし、あのころはそんなことは思いまへんでしたな。なんでこんなに怒るんやと思うだけでな。後になって、やっとありがたいことやったなあと思いましたけどな。親父に叩かれた覚えもあります。そりゃ、親父は仕事には厳しかった。施主さんでも、みなうちの親父が怖かったというてましたな。

手伝いしとったって、たとえ相手が施主さんやといっても、間違うたことをいおうものなら、えらい怒ったからな。親父は仕事の虫みたいな人やったな。

屋根屋に災害は福

大正から昭和にかけて、なんかえらい不景気があったと親父から聞いてましたけど、戦後は屋根屋の仕事は欠かさず、ずっとありましたな。

屋根屋や瓦屋は、災害を待っとったわけですわ。何年に一遍かは大きな台風が来ますやろ、そのときにはペケの瓦でもみんな売れますのや。そやから屋根屋や瓦屋にとって、台風や大風は仕事を持ってきてくれるようなもんでしたな。だけど、そんなもんで修理してるのやから屋根も長持ちしませんわな。ちゃんとした瓦で修理をきっちりやっておきゃ、百年ぐらいはもつもんです。しかし、屋根屋というのは丁寧にやれば自分の仕事がなくなるという因果《いんが》な商売なんですわ。

あのころはそんな事情やったから、施主さんも借家をつくるときなんかは、ええもんは注文しませんのや。速く、安くやってくれればいいという仕事です。わしらは「ハタキ仕事」というてましたな。山を越えた向こう側、東大阪の石切《いしきり》あたりに仕事に行きましたら、向こうの手伝いがいうんですわ。「大和《やまと》の職人は手ぬるい」て。向こうの職人は仕事の内容が違うんですけど、手が速いんですわ。ただ速くやればいいというようなものやった。わしらのは仕事が丁寧やから、遅く見えますのや。それで「そんなにしてたら仕事にならん」というて怒るんですわ。

施主でも厳しい人やったら「屋根屋、先に金払うぞ」というてね、二日かかってぎりぎり間に合うかなと思うような仕事に、一日半の金を先に渡してくれますのや。わしは二日かかっても構わんかったけれど、二、三人いた手元も一日半の金しかもらっておらんのやから二日かかったら損ですわな。わしは何とか一日半で終わらそうと思ってましたら、手伝いがわしに「一日で葺け」て、こうや。

「二日かかったら半日足らんやないか、けれども一日でやってしもうたら、半日分だけ儲《もう》かる」というてな。あれ、三間に六間の建物やったな。屋根面積でいうたら建坪の約一・五倍やから、計算すると五十四畳ほどで、一生懸命やって三日で葺けたら上等やったなあ。それも冬の霜《しも》の降る日の短いときに、一日で葺いて帰って来たことがありましたな。そんなもん、いまから思うたら恐ろしい仕事ですわ。

あのころ、生駒あたりの屋根屋に冬は仕事がありませんでしたな。瓦の下に葺く土が凍《い》てるから、できませんのや。年を越して正月まではふつうに屋根の仕事やってましたが、その後、春の彼岸《ひがん》ぐらいまでのもっとも寒い季節には山の柴刈りの権利を買って、柴をリヤカーで運んだりしてたこともありまっせ。どこも風呂や竈《かまど》でご飯を炊いたりするのに、薪《たきぎ》、柴を使っていましたからな。柴刈りの権利を買って、一年分の燃料にするだけ薪を拵《こしら》えて運び出すんです。それで屋根葺きの依頼があれば、山を越えて向こうの石切とか大阪方面に行ったんです。向こうはそんなに凍てがきつうないんで、冬でも仕事ができましたからな。

本瓦葺《ほんがわらぶ》きと桟瓦葺《さんがわらぶ》き

当時の民家はみな「桟瓦《さんがわら》」を使って屋根を葺きました。桟瓦というのは、江戸時代につくられた瓦で、「本瓦《ほんがわら》」を簡単にしたものです。

本瓦は基本的に平瓦《ひらがわら》と丸瓦《まるがわら》で構成されています。平瓦を数えるときは「枚」、丸瓦を数えるときは「本」を使います。まあ、たとえると紙と鉛筆を数えるようなもんやな。本瓦葺きというのは、平瓦を二枚横に並べて、その合わせ目に丸瓦をのせて、雨が浸《し》みこまないようにする古くからのやり方ですな。桟瓦は丸瓦と平瓦をくっつけて一枚にした瓦ですわ。民家はみなこれですわ。

文化財や古いお寺などの建物を見ましたら、丸い瓦が棟《むね》から軒《のき》へ流れるように、ずらっと並んで縦《たて》の筋になって見えますな。あれが本瓦葺きです。桟瓦葺きは真四角な瓦が敷きつめられたように見えますわ。子どもが絵を描きましたら、桟瓦葺きの屋根は菱形《ひしがた》が並んでるように描くんやないですかね。

本瓦葺き、桟瓦葺き、ともに野地板《のじいた》という屋根板の上に、左官屋が荒壁材として使用する捏《こ》ねた土と同じ「葺《ふ》き土《つち》」というもんを置いて、その上に瓦を接着するように葺く「土葺き」という方法もありますが、野地板に桟を打ちつけて、そこに土を置かず、直接瓦を引っかけて銅線で緊結《きんけつ》したり、釘《くぎ》で固定する「空葺《からぶ》き」というやり方もあります。まあ、地方によって風が強い、雨が多い、寒くて凍てる、地震が多いから屋根は軽いほうがいい、重いほうがいい、さまざまあって葺き方もさまざまな違いがあります。また瓦にも少しずつ違いがありますしな。

本瓦葺き

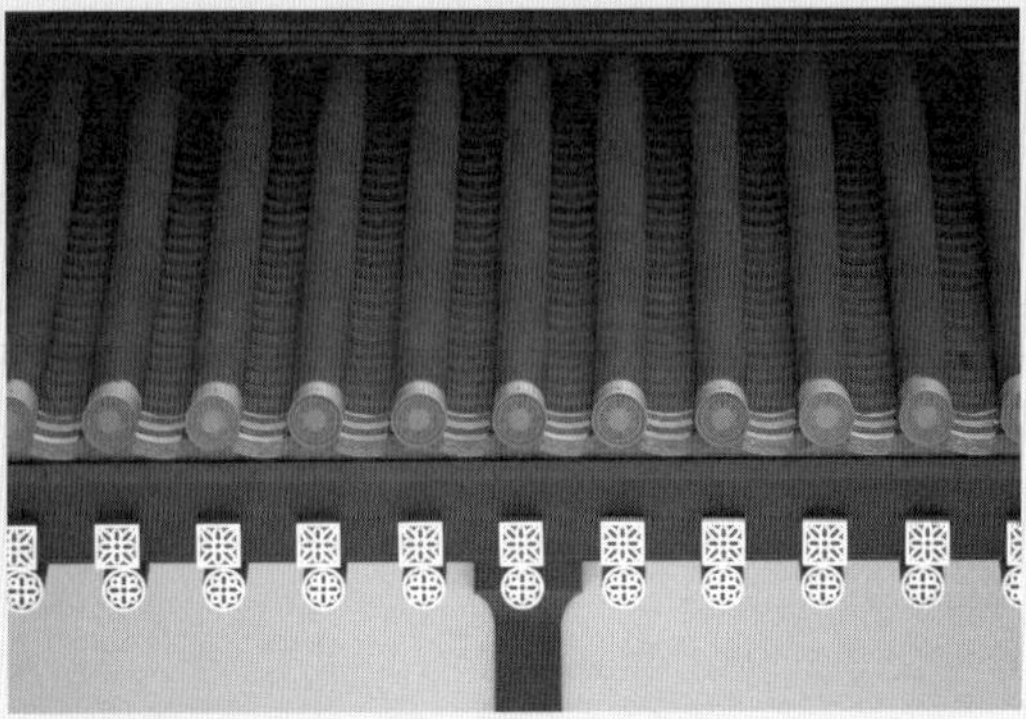

軒先より本瓦葺きを見る

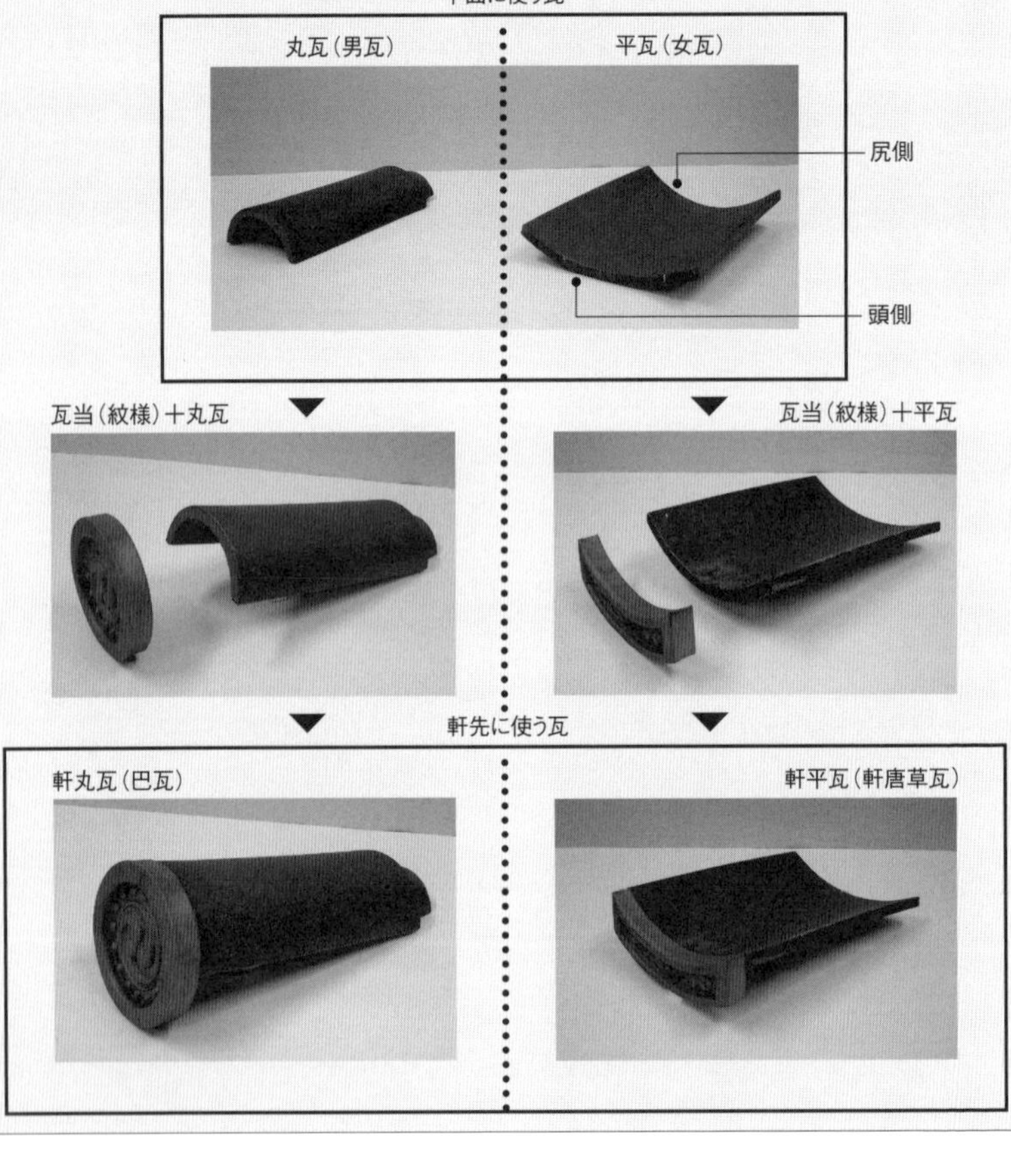

桟瓦葺き

本瓦葺きを簡単にした桟瓦葺き

丸瓦＋平瓦

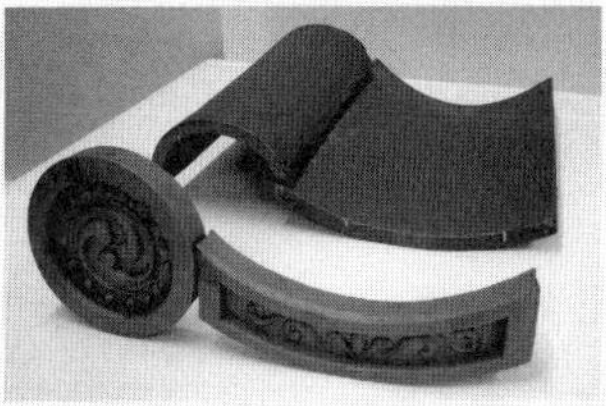

丸瓦＋平瓦
＋
瓦当（紋様）

軒先に使う瓦

平面に使う瓦

軒瓦

桟瓦

瓦の下はどのようになっているか

巻き竹

巻き竹を使った屋根下地

土葺き

空葺き

屋根の名称

東大寺鐘楼
10分の1模型（山本清一製作）より

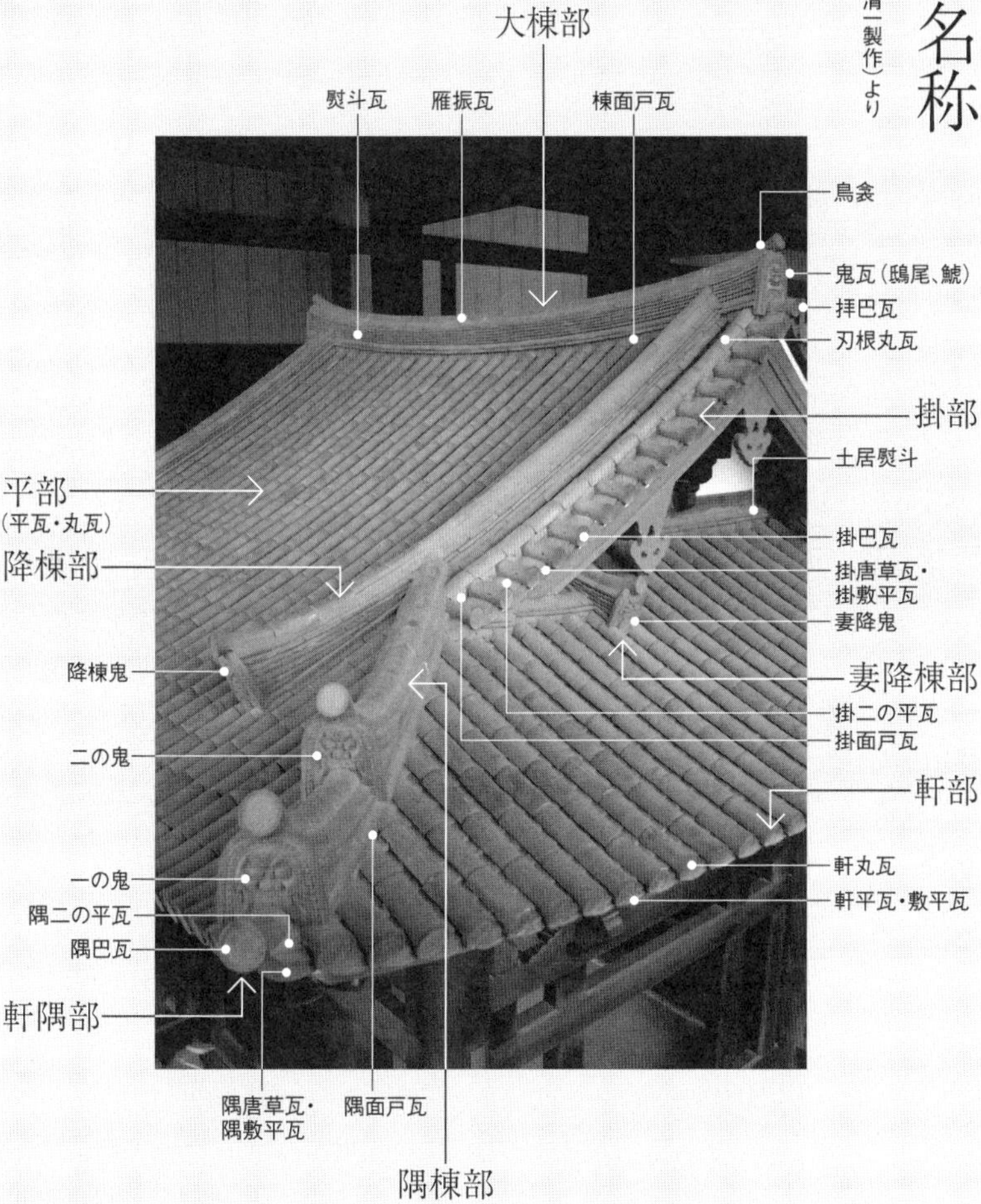

あのころは、竹に縄を巻いた「巻き竹」というのを野地板の上に打ちつけて桟瓦を止めるやり方もありました。親父もよくやりましたな。その巻き竹に使う竹も切りだす時期があるんです。「竹は八月、木六月《きろくがつ》」という昔からの言い伝えがあってな、旧暦やから今の月に言いかえると、「竹は十月、木は八月」から切りなさいということや。かぐや姫が月に帰る中秋の名月くらいがいちばんよいといわれてたな。その時期に切り出したものでないと、虫にやられたり、カビがはえたりするんですわ。そんなん使ったら二、三年で竹が腐ってしもうて、屋根の寿命がもちまへんな。

施主さんからの支給品やったら、「この竹はいつ切りましたのや?」と聞かなあきまへん。屋根の寿命を短くする原因だからこそ、わしは一切妥協しなかったな。切り旬《きしゅん》でなかったら、古い農家の場合は、稲を干すのに使っているカコ竹を、割りにくいけど使ったもんです。竹にもそういう知恵が必要やったんや。巻き竹づくりにも、竹を、うまいこと割らなんだら後で困りますのや。それが瓦を固定するもとになるんやからな。真竹《まだけ》を四つ割りとか六つ割りにして、その竹一本一本に縄をまわしながら巻くんや。親父のもとで修業しているときには、この巻き竹づくりもようやりましたなあ。割り方は「竹は先から木は元から」といいますから、先から割ります。

それを野地板に釘《くぎ》で止めて、巻き竹から銅線を出して瓦を固定しとったんです。

新築の場合の屋根葺きやったら、わしらが行く前に、瓦や銅線、巻き竹を屋根の上に並べておいてありましたな。巻き竹づくりは農家やとか慣れた人なら簡単にやりました。田舎《いなか》へ行ったら、ほんの十数年ぐらい前まで巻き竹を使ったやり方で葺いてるところがあったんとちがいますか。

見習いのころ仕事といえば、巻き竹だとか、親父が瓦を葺く前に土を置いて、葺けるように用意するぐらいしかできませんわ。土は手伝いさんが鉄砲《てっぽう》（土を運ぶ桶《おけ》）へ入れ、肩に担いで上がってくれましたな。

仕事は段取りが一番

銅線も戦時中は軍需用品で手に入りづらかったんですが、戦後は、値は高かったけども出まわるようになりました。銅線はペンチで切るのではなくて手で引きちぎりますんや。生《なま》の銅線ですから、そのままでは固くて引きちぎれません。そやから藁《わら》を燃やして焼き戻すんですわ。この作業のことを「なます」といいます。そうすると、軟らこうなる。それを板切れに巻きつけて、必要な長さのところでねじって、ぐっと引っ張ると簡単に切れます。よう切れますんで。いまでも銅線は使うているけど、そんなことはもう誰もせんですわ。切るのはみな鋏《はさみ》かペンチです。

弟子のころは、朝はまずその銅線のなましの仕事ですわ。火力が強すぎたら銅線がポロポロになってしまいますんや。火力が足らんかったら硬いしね。藁《わら》がちょうどええんです。竹なんかやったら、火力がきつくて、銅線はポロポロになってしまいます。

朝、現場へ行って、なまして、また休憩の時間になるとそれをやってな。そのなました銅線を、その日使う分だけ切って束ね、腰にぶらさげておくんや。そこまでが休憩時間中の作業でした。そして屋根の上に上り、屋根に土を置きながら巻き竹に銅線を通すんですわ。そうすると、親父が下から瓦を銅線で固定して進んでくるわけです。そんな手間のかかることをしてましたが、それでもいまの職人の倍ぐらいの仕事はやっていましたで。手早く仕事ができるのには、段取《だんど》りがよくないとあきまへん。

実際に屋根に上って瓦を葺く仕事よりも、その前の段取りが厳しいんです。巻き竹をつくるのも、銅線を準備しておくのも、野地《のぢ》ができた段階ではすぐに瓦を葺けないので、雨《あめ》養生《ようじょう》のために素人が屋根全体に瓦を仮並べしておく、その瓦をめくる作業もそうです。要領よく間隔をあけて、めくって積む。下手なことをやったら瓦が逆に邪魔になって仕事になりまへん。また瓦は上手に積んでおかんと、落ちてくるしね。そういう一つ一つのことをきちんとするようにせな、上手に速くはいきません。巻き竹も使う幅を考えて、だいたいの間隔で打つんです。この下準備がきちんとしていれば、仕事ははかどりますわ。これは屋根屋だけではなく、大工でも左官でも職人はみな一緒です。そういう段取りのいい仕事は、出来上がりも美しいですな。いい仕事はきれいで、むだがないものです。

不揃《ふぞろ》いの瓦を葺く

あのころは、いまみたいに墨《すみ》を打って、それに合わせて瓦をきっちり置くというようなこともなかった。差金《さしがね》のかわりに金槌《かなづち》の柄《え》にちょっとした目盛りがしてあって、それを葺《ふ》き足《あし》や軒先の瓦の出《で》などを決めるのに使ってましたな。瓦は少しずつずらして重ねていきますが、重なりあった部分を除いた外に見える部分の長さのことを「葺き足」といいます。屋根の上では、その寸法をいちいち差金で計ったり、そんなことはしまへんからな。

それに、土窯で焼いた瓦は、いまみたいに均一のものはできまへんしな。平瓦の「谷《たに》」と呼ぶ凹の部分の反《そ》りが浅かったり深かったりによって、屋根の上に葺くか軒先に葺くかを決めます。また、大きい瓦や小さい瓦もあります。その当時の新しい瓦でも、焼きムラによって大きさの違いがたくさんあったんですよ。よう焼けた瓦は小さいし、焼きの甘いのは大きいしな。二センチくらいの違いがあったんです。よう焼けた瓦は凍《い》てに強いから、建物の裏や日陰へ使ったりとか、そういう配慮もしますのや。

瓦の大きさに合わせて割付《わりつけ》を一つ詰めたりもするんですわ。「割付」というのは、屋根の端から端までを、瓦のはたらき（大きさ）を基準に、瓦を納める寸法を決める段取りのことや。これが一番大事な仕事や。それによって屋根の寿命と美しさが決まりますからな。

先にも述べましたが、仮並べしておくときは、小さい瓦やったら小さい瓦ばかり積んで分けておくんです。わしらは見なくても手の感触で、大きいのやら、ちっこいのやらはわかりますけどな。

一般的な桟瓦は一枚、三・五キロから四キロちこうあるのかな。それを一日何百枚も持ったり、下ろしたりするんです。

見習いだったころはまだ体ができていないから、疲れて足は突っ張るし、油断すれば屋根から落ちるし、難儀な仕事やと思いましたで。わしも三遍ぐらい屋根から落ちてます。

いまは、野地板《のじいた》の上に防水の紙が貼ってありますけど、あんなのは昔はなくて、直接瓦をのせていったんです。そやから、野地板の張り方ひとつ見ても、その家を建てた大工の上手《うま》い下手《へた》がわかります。大工は歪《ゆが》んだり曲がった板を鉈《なた》ではつったり（削りとること）して野地に張ってあるから、なおさら大工の考え方や腕がわかりますんや。外から見えるところにはいい板を使っていますが、野地板なんかの見えへんところは、半端《はんぱ》のもんを使ったりしてますわ。間のあいているところに板を詰めたりしてな。この大工らの仕事の加減で、わしらの葺き方がうまくいくか、手間がかかるか、そういうことに関係しますんや。野地板の上に瓦をのせただけではいい屋根の線が出んことがようありますからな。そんなとき親父は、「いい加減な仕事は必ずわかるんやで。恥ずかしくない仕事をせなあかんぞ」と、よういいましたな。

斑鳩《いかるが》町役場の屋根葺きが卒業試験

親父のところで修業して四年目ぐらいから、わしも屋根を葺くのが一人前になったんかな。そうなると手間賃も一人前になって、親父はわしの分と二人分もらえるようになっていましたな。やはり、施主さんからも「体はちっこいけど、仕事はようするな」というて褒《ほ》められました。やはり、うまくなりたいという一心でしたな。早ううまいこと覚えんことには親父に怒られてばっかりやからな。十八歳ぐらいからは難しい仕事は別やったけど、ちょっとした仕事は、もうわし一人だけで行っていました。

わしが二十歳のときに、法隆寺の百メートルほど南にある斑鳩《いかるが》町役場を新築する話があったんや。いまの庁舎は鉄筋造りやけど、その当時は法隆寺という土地柄にふさわしい、屋根の形がお寺形式の木造の建物やった。その新舎の屋根の仕事を地元の森田さん、二軒の清水さん、今村さんという瓦屋の四軒で瓦製作と葺くのを請け負うたんです。その一軒が清水房次郎さんやった。この人はうちの親父と親しくしておったし、わしをようかわいがってくれたんや。この人の家の屋根をわしが葺かせてもらったことがありましたしな。何かの用事で行っておったんかな。ある日、清水さんが、「お前、予算ないけど役場の屋根を勉強がてら葺いてみないか」といってくれましたんや。

冬で仕事の少ない暇《ひま》なときやった。ありがたい話やったが、それは大きな屋根で、手間のかかるもんがようけある仕事なのに、葺き手間三十工（人）分ぐらいしかないというんや。役場の屋根は桟瓦葺《さんがわらぶ》きやったけども、降《くだ》り棟《むね》とか隅棟《すみむね》とかあって、本瓦葺きのお寺と同じようなちゃんとした様式です。鬼瓦《おにがわら》やさまざまな役瓦《やくがわら》をのせる屋根やった。とても三十工で葺ける仕事と違ったけど、金はどうでもええ、勉強やと思って引き受けました。それが二十歳になるかならんかのときやった。

大工は、奥田さんと田部さんという人やった。お寺の仕事もやっている人たちや。手伝いさんの頭《かしら》は安村さんというてね、この人もうちの親父が法隆寺へ行ってたころからの知り合いやった。それぞれみな役場の仕事を請けてはって、わしのことも山本の息子やいうことであんばいしてくれました。大工さんたちは、みな法隆寺近辺の人たちでした。

このときの役場の屋根は、寸法がまちまちの瓦を葺くのですから、いかに手早くきちっと選びながら納めていくかが、葺くものの腕の見せどころでした。その瓦の大小差をうまく使えば、かっちり組めます。ちっちゃい瓦は、どうしても重ねが少のうなります。大きい瓦と一緒に葺いたら、大きい瓦を縮めるか、小さい瓦ばかり寄せるかや。

そしたら大きい瓦と小さい瓦と、真ん中ぐらいの瓦とを三色ぐらいに分けて、頭の中でそれぞれの組み合わせを考えて、この瓦はどこにまわすとか仕分けるわけです。昔のことですから、小さい瓦だから使えないといって返すことはできませんのや。来たものは全部使わななりません。
全体の予算が少のうて、瓦屋もいい瓦ばかりをつくっていたら飯が食えんような値段やったんです。それでも地元の役場やということで、みな頑張ってやっておった。しかし、瓦屋が四軒あるんですから、それぞれバラツキがあってなあ、葺くほうはきつかったですな。

ある一軒の瓦屋から来た瓦は、水をものすごう吸う瓦でね。葺いて何日たっても下に置いた土が乾かんのや。それで雨が降ったらまた葺き土が軟らこうなるんです。あのときは、一月から葺きはじめたんやけども四月前になったら、瓦の間から草が生え出てきたんです。棟《むね》からはたまに草が生えることがあるけれど、桟瓦葺きの平面で草が生えてるのを見たんは、後にも先にもその瓦屋の瓦だけやったなあ。このとき清水房次郎さんは、他の三軒より群をぬいて、ものすごうええ瓦を納入しておった。「見えるところに葺いてください」とみなが声をそろえてわしにいうてましたな。損得なしの心遣いによってこんなにも差がつくのかと「人の心」というもんが、このときようわかりましたな。

瓦は一枚一枚、焼きも、色も、厚さも、大きさも、みな違う。それぞれの違いをうまく生かせば美しい屋根になるんです。色の悪い瓦を先に割り当てるとか、見えへんようなところへまわすとか、実際に自分でやるとなれば考えますな。

瓦をきちっと割ったりする技術も、経験を積んで熟練していかなならんことです。技はやっているうちに自然と覚えるもんですわ。それだって、早くうまいことしようと思ったら、漫然《まんぜん》とやっていたんではしかたがない。やっぱり自分でどうやったら早くうまいことできるか、考え考えてせなしゃあないしな。理屈をこねたり、言い訳をいってても、腕は上がらんのです。自分で考え、そして数をやって腕を磨くしかないですわ。

この役場の屋根を葺くときには、自分で考え、さまざまな工夫を凝《こ》らしました。たくさん屋根はありますけれど、一つ一つ条件も違いますから、この屋根やったらどうやったらいいか、どうやったら自分が思う形に仕上がるか、考えなければなりませんからな。そういうときは、親父はああやっておったけれども、こうするほうがええんとちがうかと、親父とは違うことを考えましたなあ。そうやって自分で考えるようにならんと仕事も自分自身も前に進まんのです。

そういう工夫を重ねて気がつかんうちに成長するんやないですかね。それでやり遂げれば、自信みたいなもんができますからな。

それでも仕事が進むにつれ、難しいところや、わかりにくいところがどうしても出てきますんや。そのたびに法隆寺へ、よう見に行きました。それはそれは勉強になりますわ。反《そ》りでも軒でも、鬼瓦《おにがわら》の位置や棟の形のよさ、全体の美しさ、なんでも瓦を葺くもんから見たら溜息《ためいき》の出るような建物ですわ。そやけど、なんべん見に行って真似《まね》してやってみても、どうしても真似できへんかった。上には上があるもんやなあと。

それからですわ。わしは一生民家の屋根葺きでええと思ってやってきたけれども、寝ても覚めても、なんとか法隆寺のような屋根を葺いてみたいと思いだしたのは。ま、そうやって斑鳩町役場をなんとか仕上げたんですが、実際に働いた日数でいうたら、予算の三倍ぐらいかかりました。でも、勉強になりましたし、自信になりましたな。わしにとって、親父のもとから一人前になる卒業試験のようなもんやったんやないですかな。

第二章　伝統瓦葺きの修業

井上新太郎師のもとへ弟子入り

親父のもとで一緒に仕事をしたのは昭和二十八（一九五三）年、二十一歳までです。昔の職人は、親方のもとに弟子入りしたら、だいたい二十歳で独立しましたな。そこで一人前になっておかなんだら、兵隊に行って帰ってきたときに、仕事ができへんていうのがあって、兵隊に行くまでに、みな一人前になろうと努力したんですな。一人前になったら親方のもとを離れて、他の親方のところへ職人として入って、他流試合みたいなことをかなりやってましたわな。そうやって腕を磨いたんです。自分の親方のやり方だけではなしに、他の親方のいいところも覚えられますからな。

人間って欲があるもんでね、わしも役場の屋根をやりながら法隆寺を何度も見に行きましたが、ああいう溜息が出るほどすばらしいもんを見たら、ええ仕事をしとるなあと思うし、やれるもんなら自分もしてみたいと思いまっせ。

それまでは文化財の仕事に憧《あこが》れてはおったけれど、そんなん、手の届かんことやと思うてました。そういうときでも、法隆寺、東大寺なんかに修理に行く屋根屋はいましたよ。そやけど、そんなとこへはわしらは絶対行かれへんと思うてました。

わしもああいう伝統的な屋根の仕事をやってみたいと日に日に思いが強くなって、そんなわしの思いを知ってくれた山本正治《やまもとまさはる》さんという人が、文化財の建物の屋根を葺《ふ》く専門家だった井上新太郎《いのうえしんたろう》さんを知っているから、頼んでやろうというてくれたんです。山本さんというのは、わしの親父の師匠の息子さんで、竜田川《たつたがわ》で瓦を焼いておった人ですわ。

そやけど親父に断らなならんのですが、そのことがなかなか言い出せなくてだいぶ迷いました。親父かて、大勢の家族を抱えてしんどい目をしとるしな。六年もかけてやっとわしを一人前にして、なんとか働けるようになったばかりやのに出ていくというたら、やっぱりかわいそうやしな。なかなか言い出せまへんでしたわ。それで正治さんから親父にいうてくれるようにお願いしたんです。

親父はわしが悩んでいるのを知っておったんか、「もし、向こうがええといってくれるんだったら、お願いします」というたらしい。正治さんは「学校へやると思うてやってくれへんか」というようなことで説得してくれたらしいですわ。それで親父の許可が下りたので、あらためて正治さんが、法隆寺で仕事をしてはる井上さんのところへ行って頼んでくれたんです。あのころ、井上さんに弟子はいなかったんですな。井上さんにしても自分が食うのがやっとやったころですわ。それでも仕事が忙しかったから、ちょうどええということで弟子にしてもらったんです。法隆寺の五重塔の仕事が終わって、金堂の準備をしているときやったですな。金堂は昭和二十四年一月二十六日に火事がおき、壁画を含めて外陣《げじん》の大部分を損焼してしまいましたんや。その復旧工事が昭和二十七年から始まっていたんです。

井上さんのところへは弟子で行くいうことですから、わしは給金をもらおうとは思っていませんでした。民家の仕事やったら一人前もろうとったけどね。ですから一大決心です。親父にはすまなかったけれど、わしはどうしても行きたかった。

そのころはもう、兄貴たちはみな安いけど給料をもろうていましたし、それがあるから家のほうは、まあ、なんとかやっていけるということやった。

弟子入りさせてもらってからの井上さんの呼び方は「親方」やったですな。

そのとき親方は、何年預かるともいいませんでしたし、わしも年限切っては頼まなかったですな。弟子入りしたのは昭和二十八（一九五三）年でした。入ってちょっとだけ法隆寺で下仕事をして、すぐに長野県の松本城へ行ったんです。そやから親方の下で初めて仕事を手伝わさせてもらったのは法隆寺と松本城でした。親方はあのころ法隆寺と松本城の二ヵ所をやっていたんです。冬になったら長野はまったく仕事ができませんやろう。それで秋になったら生駒へ帰って来て、法隆寺の仕事をする。しばらくそない行ったり来たりの生活でした。

初めて目にした施工図・原寸図

文化財建造物の本瓦葺《ほんがわらぶ》きは、それまで親父とやっておった民家のやり方とは違いましたな。民家はみな桟瓦葺《さんがわらぶ》きで本瓦葺きというのはほとんどありませんわ。たまにお寺の修繕《しゅうぜん》をやったぐらいでしたから、まったく最初から本瓦葺きの修業を始めたんです。

しばらくは、勝手がわからず難儀しました。わしの手も体も勘も桟瓦を扱うようになっていましたからな。桟瓦で指先に覚えたことや、考えずにできるようになっている体を、本瓦の重さや大きさに慣らさなならんですし、ほとんど扱ったことのない丸瓦やらもありますから。体に覚え込ますには、繰り返し、繰り返しやっていくしかおまへんのや。すべてが勉強やったし、叱られもしましたけれども、毎日がおもしろかったですな。

本瓦葺きの屋根は丸瓦と平瓦が交互に並んでいるだけの簡単なものに見えますやろ。けども、これが難しいんです。

親方はよういいました。「難しそうに見えるところほど実は簡単で、簡単そうなところほど粗《あら》が見えるもんや。腕が上がれば、その簡単なところの難しさがわかるようになる」と。

平瓦を凹凸《おうとつ》なく平らに葺くということが、実に難しいんです。いったん葺いて、横から見て平らかどうか、瓦が傾いてないかどうか、何度も見て直していきます。平瓦同士の間隔も大事です。屋根は大きく反《そ》っているから、瓦同士の間隔があきすぎれば雨が漏《も》るし、くっつきすぎてもいけない。軒の葺き方でも反りすぎたら雨が流れまへんからな。

本瓦葺きの屋根を見たら、丸瓦の列がずらーっと縦《たて》一列に並んでいるのが、第一に目につきます。ですから、これを凸凹《でこぼこ》させないようにまっすぐ高さを合わせて葺くようにせなあかんのです。ことばでいえば簡単ですが、いちいち定規《じょうぎ》を当てたり、寸法を測っているようじゃ終わりまへんで。職人仕事は、速くさばいていくことですからな。これが難しいんや。そういうふうに体と勘を育てなならんのや。

親方は、平瓦ばっかし先に葺いていましたが、この方法やったら凸凹があっても直しやすいんですな。わしも東大寺大仏殿でもこのやり方を踏襲《とうしゅう》しましたが、運動場のような広さにずらっと平瓦が並びましたら、それは壮観ですわ。

こうした葺き方以外にも、親方のやり方には、親父とはずいぶん違うところがありましたなあ。親方はちょっとした仕事でも施《せ》工図《こうず》や原寸図《げんすんず》をちゃんと書いていました。鬼瓦《おにがわら》の大きさに合わせて棟組《むねぐみ》の原寸図なんかを書きますのや。それまで勘でやっていた仕事が、原寸で書かれ、「この曲線がここに届くんや」と説明されましたら、なるほどそうやったんかと一目でわかりましたな。目から鱗《うろこ》とはこのことですわ。現場では板で台を拵《こしら》えて、紙がもったいないからセメント袋の裏に図を書いていました。屋根屋が施工図や原寸図を書くなんてことは、誰もやってなかった時代にですよ。

親方は、基本的なことは理詰めで、計算のもとでやろうという考えやった。わしは初めてそういう仕事のしかたを見たんです。そんなことまでするのかと思って、ほんまに驚きましたな。偉いもんやと思いましたで。親方のところでは、新しいことを覚えるというのは、そりゃ新鮮だったですなあ。当時はセメント袋や石灰袋のきれいなところを適当な大きさに切り、袋をほどいた糸で束ねて野帳《のちょう》をつくって書いておいたんやが、その野帳をどこかへ見失うてしもうて、惜《お》しいことしたと思いますな。

松本城の現場での暮らし

あのころ民家の仕事をしてましたら、屋根屋は日当が千円でした。ところが文化財の仕事では四百円でした。それが、松本城へ行ったらもっと安かった。それでも長野の職人が「四百円ももろうてるんか」と、みんな驚いとったですよ。

わしは見習いやからもっと安かったですがね。食費は給金から天引きでしたから、一週間もしたら、小遣いは一銭もなくなってしまいましたなあ。

道具はみな自前やけど、屋根屋の道具みたいなのは知れとったからね、そういうお金はかからんのです。ですから習うのにお金がもらえるのだと思うとありがたかったです。

松本城には奈良や京都から四人行っとったんです。親方、出口佐一《でぐちさいち》さんと、もう一人は手元《てもと》の頭《かしら》をやっていた増田浅吉《ますだあさきち》さん、それにわしの四人で、お城の中の建物を借りて自炊《じすい》しました。宿舎は現場内で天守閣の近くにありました。そこに、大工の棟梁の毛利さんと、文化財の監督の助手である市川さんと河合さんとは、同じ建物の中でも襖《ふすま》で間仕《まじ》切《き》りしてある一人部屋でしたが、わしらは四人部屋でしたな。

増田さんは、背中に鯉《こい》を飼ってな。一色の大きな鯉が滝上《たきのぼ》りしてますんや。出口さんは、彼女の名前を腕に書いてますんや。小柄でちょび髭《ひげ》をはやしてました。二人ともわしの親父よりもちょっと若いくらいやったな。

夜になったら出口さんと増田さんは酒ですわ。酒というたかて清酒は高いですから、焼酎《しょうちゅう》の水割りでしたなあ。親方は全然飲まない人やった。あの人は酒飲みは嫌いやった。酒は一滴も飲まんかったし、歌もだめですわ。わしも若いころは全然飲めなかったです。まあ、見習い中は飲んだら怒られるしな。そういうことは徒弟制度では、やはり厳しかったですな。わしは親父のとこで修業を終えて、ふつうやったら一人前ですが、親方のとこでは見習いですからな。酒みたいなもんは一人前になってから飲めということです。共同生活といいましても、他の三人は師匠やとか、みな年上の人ばっかりやから、わしは使い走りですわ。「通《かよ》い」いう帳面を持っていって、増田さんらが買い物をしてきて、「きょうはこれや」というて買うてきたものをよこしますのや。それをわしが調理してました。

食事の話をいうたら、松本城ではパンをようけ食いましたな。しばらくはずっと米のご飯やったけれど、わしの親方は案外気の小さいけちん坊な人だったんです。食事代はおかずから全部、月末に四等分でした。食う物がないときに、割り勘やといわれたら遠慮がちに食べなあかんし、わしの負担がみなにかかると思うたら腹いっぱい食われへんかったし、こんなときの団体生活はいろいろと遠慮することが多かったですなあ。

ところがある日、親方だけがパン食にすると言い出しましてな。わしなりにみなに気い使って遠慮しとっても、みなよりようけ飯食うてたしな。「山本にわしの分まで食われてしまう」と親方は思うたんでしょうな。それでわしも「パンにします」というしかしゃあない。それからはパン食にしました。一食に一斤《きん》くらいマーガリンをぬって食べてたんかな。あのときのパンは山が三つあって、だいたい二五センチくらいの長さでした。パン食にしてから体重が三キロくらい増えて、やっと十六貫（六〇キロ）になりましたな。それまでやっぱり食べるの、遠慮してたんやな。

日当が安いもんやから、食事代を引いたら残りがありませんのや。松本城へ行ってすぐ、わしは持ち金がなくなってしまいましてな。日曜日は休みですから、みな、それぞれ遊びに出よりますんや。そのときに、「お前、金ないからどこも行かへんやろ。洗濯でもしておかなしゃあないやろ。石鹼《せっけん》は、ここにあるさかいな」って、みな出かけていくんですわ。

洗濯は親方のもしとったんですが、みなと同じように洗うてたら怒られるんですわ。親方のは揉《も》み洗いすると生地が傷《いた》んでしまうから、水の中で揉まんようにシャッシャッシャッシャーッと洗わんとしゃあないし、絞《しぼ》ったらあかんかったな。そのまま棒に引っ掛けとりました。

堀が宿舎のそばにあったので、魚釣りしたりして時間をつぶしたりしてました。うろうろしたら腹がへってくるけど、食う物もないしな。

しばらくそんなで、「親父、頑張れ、金送れ」と電報を打とうと何べん思うたか。手紙でも書こうかと親方にいうたら、「お前、そんなことしてたら、おれが親に合わす顔がない」と怒られました。いつだったか、親方にうどん一杯どっかでおごってもらったら、会計帳みたいな日記帳に書いとるんですわ。「山本にうどん〇〇円」と。親方に、うどん食わしてもろうたらえらいこっちゃ、記録に残るわと思いましたな。

お金がなかったから、暇つぶしに宿舎の屋根の修理もしましたな。行くところもなかったしね。宿舎の屋根は古びて雨が漏ってしゃあなかったから、休みの日めがけてやりましたな。ある日、あんまり傷《いた》んどったから四十坪くらいの宿舎の屋根を全部めくってしまいましたんや。そしたら増田さんがびっくりして、「こんなことして、どないするんや」というてましたな。わしは「心配せんでも夜までにどないかする」というてな。その日のうちに、ちゃんと並べかえました。それには増田さんも、こんなやつ初めてやというてびっくりしてましたな。

三、四日もかかることを、こいつはほんまにえらいことしよるガキやというて、酒の肴《さかな》になってましたわ。増田さんは、現場三日ほど休めて手伝わなならんと思うたらしい。親方も目を白黒させてましたわ。親父とやっていたときの経験ですな。一年か二年くらいやったら、なんとかもつわと思うてやったんです。誰もそんなことやったことある人がおらへんから、みなびっくりしてました。

風呂屋は、城の解体で出た廃材を使ってましたから、城で働いている者《もん》はただで入れたんです。ああいう生活も、見習いの身にはええ薬やったですな。よけいなこと、考えんですみましたからな。

しかし、盆になったらみな帰りますが、わしは帰ることはできんのや。あれには参りましたな。そやけど、三年ほど夏場を向こうで過ごしたんですが、一度だけ片道分の汽車賃があったんで帰ろうと思いましたんや。帰るんなら土産《みやげ》を買うていかないかんのやけど、その金がなかった。それで、ありったけの金を持ってパチンコ屋へ行って、出なんだら帰らんでええという気分で打ったんです。夜行列車が十二時なんぼやったかなあ、それまでに土産を買うぐらい儲かりましたのや。それで、籠《かご》入《い》りのりんごを買うて帰りましたな。

あんなうれしいことはなかったけどなあ。しかし、帰ったら、こんどは松本へ戻る金がないんです。それで、親父と母親に、松本へ行ったらまた金がもらえるからというて、二人から別々に汽車賃をもろうて帰りましたわ。

徒弟といっても、このころは昔のような厳しさだけやなかったですよ。休みの日にはハイキングに行ったりしましたしね。修業中とはいえ、けっこういい青春時代でしたなあ。

屋根屋の服装と安全

そのころの屋根屋の服装ですか？　いまはもうみなヘルメットやけどね、あのころのわしは屋根の上でもどこでも丸坊主に鳥打ち帽子、夏は麦わら帽子でした。井上さんは、仕事のときは鉢巻《はちまき》でしたな。足もとは足袋《たび》に藁草履《わらぞうり》ですわ。このほうが足が軽いからな。手は素手《すで》やったな。手袋とかそんな贅沢《ぜいたく》なこと、さしてもらえへん。もしあったかて、寒いときだけや。けども、すぐに穴があいてしまうんです。そしたら先を切って、また使いましたな。手袋もそれぐらい大事なもんやった。夏の仕事もたいへんですわ。瓦が熱いから手の皮が焼けて薄くなるんですわ。下手な者《もん》は、葺き土が手にくっつくから、よけい手の皮が減る。鏝《こて》を使っての作業でも、やっぱり手に土がつく。そやから瓦に手形がついてしまうんです。手袋をしたって、手袋に泥がついたら同じですわ。下手な者の仕事は汚い。

上手な人は手が汚れへんし、仕上がりがきれいですわ。

昔は「ヘルメットをかぶれ」というようなことは、いまみたいに徹底していなかったからな。作業員も手拭《てぬぐ》いで鉢巻《はちまき》か、冬やったら頬被《ほおかむ》りだけでしたわ。いまはヘルメットはかぶらななならんし、命綱《いのちづな》はつけなならん。とにかく安全がうるさいから、なんぼ落ちへんというたかて、そんなわけにはいきまへんな。

安全に関しては数十年前から喧《やかま》しかったですよ。やっぱり人の命が高うなったわけやな。昔は、「怪我《けが》と弁当は自分持ち」というて、そんなもん、落ちたらぼんやりしているさかいって怒られたくらいですわ。

いまは落としたらあかん、怪我さしたらあかん、働く者に至れり尽くせりです。そやから、工事よりもそんなとこに、ものすごう金がかかる。なにも無理に怪我しよう、落ちようと思う者もおらんのやけど、管理する者が管理責任を問われる。

昔やったら、もしそういう事故やなにかがあっても、誰も責任を取ってくれまへんでしたな。職人が勝手に事故を起こしただけの話で終りです。そんなころでも、すでに労災はあったんですよ。元請けした者が労災保険をかけないかんと、法的には決まっておったけど、かけてない人がようけあったもんな。

わしも低いところからでしたが、屋根から落ちたことがありました。高いところからは落ちたらいかんという気張りがあるから、絶対落ちへんもんです。上手な落ち方とか、そんなもん、あれしまへんが、意外に怪我は軽くてすみました。最初に落ちたのは、清水房次郎さんの本宅の屋根を葺き替えているときで、低い屋根でしたが、石灯籠《いしどうろう》と松の木との間へ落ちました。灯籠にでも当たっとったら大怪我をしてるやろうけど、泥の上やった。ようういこと落ちたもんや。それでも脳震盪《のうしんとう》を起こして、しばらくは動けませんでしたで。

東大寺の大仏殿みたいに屋根が広かったら怖さはないですわ。面積が与えてくれる安心感があってね。あそこは、運動場みたいなもんやから、もし転んだかて途中で止まりますわ。棟下から、屋根の真ん中あたりまでの勾配《こうばい》はきついんですが、頑丈《がんじょう》な足場があったから怖さはないです。

ところが、足場を外されたら、端のほうの勾配のきついところは立って歩けまへんでしたわ。足場があったら安心感がある。そやから、いまは仮設《かせつ》足場をきっちりせいと厳しくいうんですが、それも無理のない話ですわ。

この大仏殿の明治の全解体修理のときには、だいぶ死亡者も出たということでしたな。このときには、当時の新建材として、屋根に鉄骨も使うてますし、かなり複雑な工事やったと思います。重いもんを立てたり、吊ったりする仕事かて、みな人力でやったんやろからな。よう、あんなことやったなあと思いますが、そのぶん事故もあったでしょうな。

夏は松本城、冬は法隆寺金堂

法隆寺で屋根葺きの準備だけやっといて、それから松本城へ行きました。松本城には足かけ三年おりました。あそこでは職人に一人ずつ手元《てもと》がつくんです。向こうで手配した失対《しったい》（失業対策）の女人夫《おんなにんぷ》がつきましたな。わしの手元は、三十三歳の女人夫やった。そのころは、えらいおばあちゃんやと思うてたけど、いまから考えたら十分若い人やったわなあ。

松本城は乾小天守《いぬいこてんしゅ》、月見櫓《つきみやぐら》、辰巳櫓《たつみやぐら》とやったんやが、それらは国の工事でした。この当時はまだ足場は丸太を縄で結んでましたな。ああいう技術も失うまえに残さなあかんでしょうな。材料はいまでもいくらもあるのに、やれる人がいなくなってしまうからね。丸太足場専門の鳶職《とびしょく》はいまでもおりますよ。おるけど、縄掛《なわか》けができる人というたら、もうほとんどいないやろうなあ。

現場はみなもう鉄の管、単管足場になってるしな。大きな仕事はみなゼネコン（総合工事業者）が絡《から》んでくるしな。ゼネコンが絡んできたら、安全が最優先やというて、もう絶対に縄やなんてあかんのです。そやからそういう技術も消えていきますわ。

松本城の工事は文部省（当時）の直轄《ちょっかつ》で、所長は市川さんという人でしたな。親方は屋根の現場の棟梁やった。わしの身分は見習いで、解体修理は初めてでした。まあ、文化財や国宝という仕事はこのときが初めてですからな。建物は全部解体して、修理してたんです。石垣も積み替えておったね。だいぶ長期でやっていて、あのときは六割ぐらいは新しい瓦をのせたんと違うかな。焼いたのは姫路と岐阜と奈良の瓦屋でしたな。

元の瓦は時代ごとに幾種類かありましたな。大名が何代か変わっているんやろうと思いますが、その紋《もん》がそれぞれ入っておったね。わしらが行ったときには、すでに時代ごとに整理ができておったけど、実際に葺くための選別をもう一回やりましたな。時代の違う瓦を屋根に並べていくときは親方に任せっきりやったね。古いのと新しいのとは色具合とかみな違います。交互にするとか、そんなことはなかった。古いのは古いのばっかり揃《そろ》えていきましたな。松本城のような国宝級の文化財の場合、新しい瓦はわしらが頼むわけやなくて、文化財の管理をしている国のほうから、復元の瓦が発注されているわけです。ほとんどの場合、そういうふうにして決まっていましたな。

葺き土は元のを降ろして、機械で捏《こ》ね直して使いました。それで足りない分は新しい土を補給しました。このときは屋根まで瓦を運び上げるリフトみたいな機械はなかったから、手伝いさんが上や瓦をレンチで巻き上げていましたな。

こっちからの職人は四人行ったんやけども、葺くのは三人。増田さんは段取り屋で、手元の頭《かしら》やった。増田さんは葺きやすいように、瓦の選別とか、そういう準備作業を下でやって屋根に上げるんです。段取りのいい人がおりましたら、仕事ははかどりますな。松本城の屋根の総面積は五、六百坪とちごうたかなあ。お城というたら、そんなもんです。姫路城の大天守閣で七百坪ぐらい。そんなに大きくないんです。お城は千鳥破風《ちどりはふ》とか唐破風《からはふ》とかで、屋根の形が賑《にぎ》やかになっとるから大きく見えるのとちゃいますかな。松本城の葺き替えはいい勉強の場所でしたな。

見様見真似《みようみまね》で簡単なところから、わしも葺かせてもらいました。難しいとこは親方がやっとったんですが、聞けば「ここはこうや」ときちんと説明してくれますのや。別に隠すということはなかったから、技《わざ》を見て盗むということもなかったですなあ。

屋根屋でもそれぞれ自分が工夫して編み出した方法や親方から教わった秘伝とかを持っている人もおるやろうな。わしもずいぶん新しい道具や方法、長持ちする葺き方を考え出しましたが、もう全部公開しています。いいことはみんなでやったほうがええのやから。

松本城は三年かかりましたが、ここではさまざまな本瓦葺きの技術を覚えました。と同時に冬場は法隆寺に戻って金堂の屋根葺きでした。金堂は火事に遭《あ》ったんで、全部解体して修理する仕事でした。そやけど、わしが行ったころには、本体はもう建ち上がって、親方の下で屋根を葺かせてもらったんです。法隆寺の金堂で修業させてもらったんですから、わしにしたら勉強するのにいいチャンスだったですね。

親方がそのころ手がけていたのは、文化財の建造物だけでした。

当時は、文化財の仕事をするのに資格はいりまへんでしたな。頼まれて、できさえすれば、それでよろしい。なにしろ日当が安いから、あんまりみなさん、したいと思わんかったんやないですかな。親方が法隆寺やら文化財関係の仕事ばかりやっておったんは、好きだったというほかにも理由がありましたのや。

親方の親父さんの秀三郎さんは、大阪の瓦葺きのボスやったけど、その親父さんと親方は仲が悪かった。これは余談ですが、秀三郎さんはそんなに腕がよかったとは聞いていまへんが、親方の伯父にあたる井上松太郎さんという人がおった。この人は東大寺大仏殿の明治の修理のときの屋根屋の棟梁です。いまでいうたら、名人ですわ。国宝もたくさん手がけています。この人は上手かった。そんなにえらい手間を入れているようには思わないけども、形づくりとか、納まるとこが、みなぴちっとしてきれいやった。法隆寺の南大門、それから大講堂もこの人の仕事やな。この人のやった仕事はまだ残っています。きれいなだけやなく、長持ちするようにやってましたなあ。

話は戻りますが、親方には、従兄弟《いとこ》がおりましてな、奈良の屋根屋を押さえていた井上亀太郎さんという人です。この方とも親方は仲が悪かった。親父さんと仲が悪かったから、大阪ではお寺さんも民家の仕事もできへん。従兄弟とも仲が悪かったので奈良でもできない。それで安うても文化財の仕事をやっておったんでっしゃろ。

それから法隆寺で仕事をしているときには、わしは帰りに親父の手伝いをしに民家に寄っていましたな。親父はたいてい生駒から法隆寺に行くまでの間で仕事をやってましたからな。親に無理をいうて、親方のところで伝統的な瓦の葺き方を習いに行っているという負い目がありましたしな。毎日一人で苦労しているのをわしも知ってますから、そんな親父の姿を見るのはつらかったです。そやから一生懸命習っていい職人になることが親孝行だと思って頑張りました。法隆寺は国の仕事やから五時で終わりますやろ。夏やったら、八時ごろまで仕事はできましたからな。そやから終わったら親父の現場にも行って、暗うなるまで手伝いました。「夕方何時ごろに行くさかい、土と瓦とみな上げて用意しておいて」というておきましてな。それで、便所とか風呂の小さい屋根ぐらいは終わらせてましたな。夜なべ仕事のときは、蠟燭《ろうそく》や電気を灯《とも》してもろうたりしてな。いまもまだそのときした屋根も残ってますよ。

あれもわしが若いからできたんやな。親父に悪いという気持ちもあったしな。

天理教「おやざとやかた」での出合い丁場

松本城、法隆寺を交互にやって、完成した後に天理教の「おやざとやかた」というでっかい仕事が始まりましたのや。二十三歳のころです。

あそこは、先に話しました親方と仲の悪かった従兄弟《いとこ》の亀太郎さんが元締めをしてました。その亀太郎さんが仕事にかかる直前に病気になったんです。それで誰も仕事をまとめる者がおらへん。それでまあ、いろいろなことがあったんやろうけど、親方がまとめるということになったんです。昭和三十（一九五五）年のことですわ。わしが親方のところへ行って三年目でした。

そこへ行ったら、大阪の職人がたくさん来ておりましたなあ。奈良と大阪を仕切っていた親方の親父さんや従兄弟さんたちの系統の職人たちですな。それから岸和田《きしわだ》やとか、ほかにも天理教のことやから奈良県全域からはもちろん、三河からも来るし、岐阜からも来てました。四国のほうから来た人もおったなあ。さまざまな田舎《いなか》のことばが行き交ってましたで。そやから現場は職人の競技大会みたいなもんでした。

わしらが行ったときには、「瓦合《かわらあ》わせ」というて、選別しながら丸瓦なんかの合わせをするんやけども、丸瓦を一人で一日、百二、三十本ぐらいしかやってなかったとちゃうかな。奈良と大阪の職人たちには変な仲間意識があって、一日にそれ以上やったらいかんとか、人を押さえるやつがおったんです。

そしたら親方が「あんなことしてたら工期に間に合わん。山本、おまえ行って思いきりやれ」って、こうや。みな、こつこつこつこつ鏨《たがね》で合わしとるころやけどな。そこへ入って、最初の一日に千本やってしもうたんや。

葺くのかてそうやった。あそこの屋根は棟《むね》から軒《のき》まで六十尺（一尺は約三〇・三センチ、一八メートル）ちょっとや。それを職人は一日に「平瓦と丸瓦と二通りだけ葺く」と決めてやってたんです。天理教の屋根を葺いた平瓦は一枚の寸法が一尺二寸（約三六センチ）だったかな。片手で持てないことはないけど、重かったですわ。それをわしは、一日に六通り半か七通りやったんです。そしたらな、みな怒りよるんや。働きすぎやって。それかて親方がやれというから、やらなしゃあない。わしは嫌われ役やったな。

それから三日ほど遅れて岐阜からも職人が来よった。その中に川島半三郎という腕のいい職人がおったんです。三十四、五歳やったが、家は由緒《ゆいしょ》のある屋根屋で、「山本君、一日になんぼやるんじゃ」というから、「瓦合わせは千本や」というてやったんです。そしたら、その人も同じようにやりおった。それで、葺くのも七通りいった。この川島さんには屋根を一人前で葺けるぐらいの手元《てもと》がついておった。その手元は、川島さんが葺くときに手際よく適量の漆喰《しっくい》を入れる。こっちも手元はおるけど、そんな立派な手元と違うもんな。あてがわれた人間や。漆喰が多すぎればはいだり、よけいな手間がかかる。それでも競争でやったんや。そうやって思い出してみると、わしの手元もかわいそうやったなあ。わしなんかについたばっかりにしんどい思いをして。

しかし、ほかの職人はわしらを疑っておるんや。天狗《てんぐ》の孫やなかったら、そんな速よう葺けるはずあらへんというてな。休憩時間になったら見にきて、縛《しば》っている銅線がちゃんと捻《ねじ》ってないんやないかとか確かめてましたな。あのころは瓦三枚おきに一枚ずつ銅線で止めていたんです。その止め方を見とるんです。しかし、わしがやるのはきちっと決まっとる。速く、しっかりや。これは親方から厳しく訓練されておったからな。仕事はいつだってちゃんとしとかなならんって。その代わり、それだけの数をこなすからには体を使わなしゃあない。数をやっても下手くそやったら、具合悪いしな。こういうふうに精魂込めて数をやる、手を抜かない仕事を親方から教わったことは、ほんまに勉強になりましたな。そやけど、しんどい仕事やったなあ。一日も息抜く場がなかったですからな。毎日、それを続けなあかんからね。川島さんというライバルもおったから、わしにとっては道場みたいなもんやった、いまから考えたらね。

そんなふうになったら、もうわしに文句をいうておった職人らも、やらなしゃあないわ。それぞれ秘伝というか隠し技を持っておっても、そんなもん、もう全部さらけださなしゃあないですな。結局、丸見せでみなやったんです。

あのときは仕事が終わっても家へ帰れまへんでしたな。よそから来た者や岐阜の人らは宿舎があって、そこから通って来ていましたが、わしと親方は馬小屋を宿舎にして、ずっと泊まってました。

わしは親方のもとにおるから各地の職人たちを招いた側ですわ。ですから現場のほかにもたくさん仕事がありましたのや。現場の仕事は五時で終えて、まず飯をつくるんです。

自炊でした。親方とわしと、泊まっとったのはもう一人ぐらいやったな。ご飯は釜で炊きましたな。壊れた型枠《かたわく》やら、柴がいっぱいありましたから。昼の弁当も持っていかなならんかったしな。おかずには、塩昆布を大きな窯《かま》で半月分くらいずつ炊いてました。親方は塩昆布だけはうまいこと炊くんですわ。おいしいというて、みながくれくれというて、ようもらいに来てましたな。おかげで、「塩昆布飯場」という名前がつきました。明けても暮れても朝昼晩、塩昆布でしたな。それで晩飯が終わったら、毎日、夜間作業ですわ。

あのころは、職人みなに翌日する仕事の指示書（図）を書いて寸法をつけて渡していたんです。毎日、掛瓦《かけがわら》やったり、箕甲《みのこう》のところやったり、いろいろ仕事が変化していくからな。掛瓦というのは破風《はふ》に葺く瓦ですわ。それぞれの納め方をどうするのか指示せなあきませんのや。それをみなメモにして渡すんです。親方はそういうやり方をする人やった。

「棟梁というのは自分で仕事をするんやなくて、みなにやらせて、建物全体は一人の職人がやったようにきちっと仕上げるもんや」

っていうのが口癖でな。

小さな仕事やったら一人でするんやから経験や勘ですむやろうが、大きい仕事になったらさまざまな職人がやってきますやろ。職人というのはみな自分が自分がと、気位《きぐらい》が高いだけ勝手に仕事をするもんですわ。そしたらどうしてもバラバラの仕上がりになる。それぞれの勘だけでは統一した仕上げにはなりませんからな。そやからちゃんと段取りをして、どんな人がやっても同じになるように、寸法を書き込んだ図を渡すようにしてましたのや。その寸法入りの図はわしが書かないけませんのや。そのころはカーボン紙やなくて全部一枚ずつ、手で人数分書きました。いまやったら、一枚書いたらコピーを取ったらええのになあ。飯を食ってから寝るまで、その仕事ですわ。親方はその間、日報をつけたりしてましたな。そんなやから、風呂へ入る時間もないくらいです。しゃあないから、近くの川で体をざーっと洗ってすましてましたなあ。

いま考えても、しんどい仕事やったけれども、ものすごう勉強になったと思うてますわ。

代理棟梁の損な役まわり

棟《むね》の反《そ》りとかそういうもんは、基本は設計で決まっていますが、実際のことはわしらが現場でそれを指示せないかんからね。そういうときでも親方が「山本、お前せい」ということになるから、忙しかったですがな。それでわしは鉄を切る鋸《のこぎり》の歯に水準器《すいじゅんき》をつけて、勾配《こうばい》が一目でわかる道具をつくりました。親方も、棟の曲線を誰もが測れるように鳥居型《とりいがた》のものをつくったり、ずいぶん工夫もしてましたな。そんなもん、特許を取るようなことはせえへんかったけども、便利なもんでっせ。

そのころは三年目やったし、わしも図面を書いてみなに渡せるようにはなってました。

掛瓦《かけがわら》の勾配とか、難しい指示もやってました。

親方が棟梁で、わしはまだ若かったけれど、役目からいえば代理棟梁や。そやから、年《と》齢《し》のいった職人にはプライドがありますから、わしなんかみたいな若造に指示されたり、やり直しさせられたりしたら怒っておったけど、それでもやらなならんのですわ。

親方が「あそこが具合悪い、直させてくれ」ていうたら、わしが直接その職人にいわなしゃあないしな。その日、その日の仕事は親方がまわってきて注意して、ここはあかんというんです。

一度、こないなことがありましたわ。大棟《おおむね》が百メートルあって、そこから降《くだ》り棟《むね》が降りてるんやが「なんぼいうても直らんから、お前、行ってめくって直してこい」て親方がいうんです。

それをやってたのはベテランの屋根屋で、わしの親父くらいの年齢の職人やったけどね。降り棟はよう見えるところや。何遍かやり直してもらったんやが、うまくいかなかった。みな年上の人がやった仕事ですわ。それで親方が剝《は》がせというから、わしが出来上がっていた棟をめくってやり直したんです。それをやった職人は「お前のええようにしたらええやん」って怒ってな。やられた人は屈辱《くつじょく》ですやろ。そやけどやっぱり、揃《そろ》えるということが大事やから。一ヵ所だけ下手でも、一ヵ所だけずば抜けて上手にやっとっても、なんもならんのです。

それから、この仕事のとき初めて、うちの親父が使うてた職人さんを天理教の現場に呼んだんです。親父はえらい喜んでくれましたな。息子がえらいことやっとると思うて見てくれたんやろな。いい親孝行ができましたな。

瓦の種類と重さ

ふつうのお寺の本瓦葺きの屋根には三十種類ぐらいの瓦がのってますかな。東大寺なんかの大きな建物でも基本的には一緒です。

現在、うちで仕事にかかっているお寺さんに使う本瓦葺き用の瓦をざっとあげてみると、七四ページから七七ページの写真のようになります。

わしのところでは、お寺などの注文があると、建物の大きさにあわせて瓦の寸法をみな変えてつくります。そのほかにも、ふだんから平瓦や丸瓦は新築用には五種類ぐらいつくっています。平瓦と丸瓦はほとんど出来上がったものを並べていくのですむんやけども、小さな門や塀《へい》とかだと、もっとちっこいし、隅《すみ》なんかは、場所によってみな角度も変わってきよるから、かなりの種類を焼きます。

一つの伽藍《がらん》でも建物ごとに瓦の大きさはみな違いますな。伽藍とは、簡単にたとえると、寺の中にある坊さんのための修業施設群のことや。薬師寺は金堂を葺いて西塔、中門、回廊、大講堂、さらに玄奘三蔵院《げんじょうさんぞういん》もやらせてもらいましたが、瓦のサイズは建物ごとに変えています。あそこは白鳳《はくほう》時代の復元ですから、一つの建物でも大きさは平瓦や丸瓦で三、四種類使っています。薬師寺の三重塔《さんじゅうのとう》は、三重《さんじゅう》やいうたかて、屋根は六重《ろくじゅう》になってますしね。裳階《もこし》という庇《ひさし》のように各重の間に挟まっている屋根の瓦は、みな小ぶりになっています。パッと見たらわかりませんでしょ。薬師寺は建物によって、垂木割《たるきわ》りも変えてあるしね。「垂木割り」とは、垂木と垂木との間隔のことですが、垂木割りに合わせて瓦をつくってあります。

瓦というもんは重いもんです。薬師寺の屋根は、土を基本的にはのせずに釘と銅線で一枚ずつ固定して葺いていく方法（空葺《からぶ》き工法）ですが、軒の部分で坪当たり約四〇〇キロ、屋根全体の平均だと坪当たり五〇〇キロほどの重さがかかります。針金や釘や、漆喰《しっくい》を勘定せずに、純粋に瓦だけでこれぐらいの重さになります。これに葺き土を加えたら、さらに重いもんですわ。

解体修理で瓦や葺き土をすべて取り除いたら、軒先が二、三寸すうっと上がるとよくいいますが、ほんまでっせ。これだけの重さの瓦を屋根にのせるんですから、塔なんかでしたら、片方にどさっと瓦を置いたら倒れてしまいますわ。また邪魔やからどかせというたり、あっちこっち持っていくというたら大変なことになるから、とくにわしらの仕事では段取りが大事なんです。

おもに平面と軒先に使う瓦

丸瓦

敷平瓦

袖丸瓦（左）

袖丸瓦（右）

掛面戸瓦

軒平瓦（軒唐草瓦）・掛唐草瓦

隅唐草瓦（左と右）

軒丸瓦（巴瓦）・掛巴瓦

隅巴瓦

掛巴瓦

平瓦

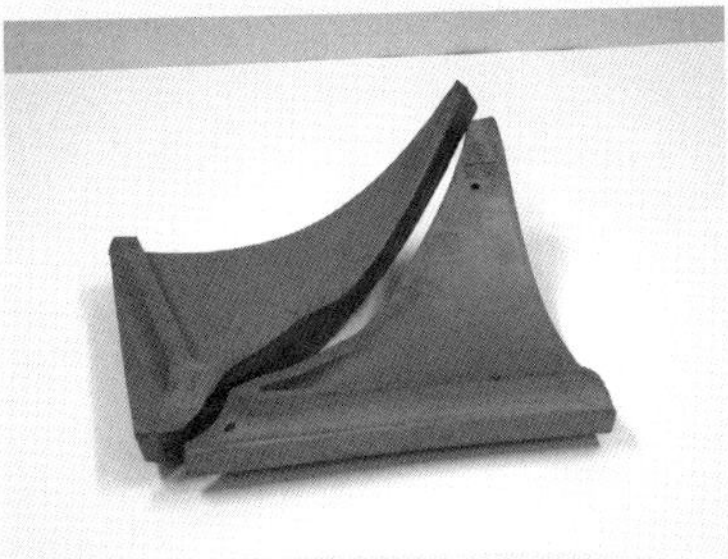

隅二の平瓦（左と右）

掛二の平瓦（左と右）

おもに大棟など棟と装飾に使う瓦

熨斗瓦

雁振瓦

大棟の鳥衾

降棟の鳥衾

隅面戸瓦（左）

隅面戸瓦（右）

棟面戸瓦

大棟の鬼瓦

降棟の鬼瓦

妻降棟の鬼瓦

隅棟の一の鬼

隅棟の二の鬼

鯱

鴟尾

隅蓋瓦

露盤

第三章　恩師・井上新太郎

西岡常一棟梁と仲がよかった井上新太郎

文化財建造物の現場はみな通いでした。親方は京都南部の木津《きづ》から国鉄（現ＪＲ）で法隆寺駅まで来て、そこから歩いて法隆寺に通っていました。わしが修業に行ってからは自転車で法隆寺駅まで迎えに行って、後ろに乗せて毎日送り迎えをしていました。

あのとき、五重塔は藪内《やぶうち》さん、金堂は西岡常一《にしおかつねかず》さんの親父さんと棟梁が二本立になっていました。わしは当時、副棟梁だった西岡常一さんにもようかわいがってもらいました。親方のおかげやったんでしょうな。親方も西岡さんも、わしらとは頭の程度が格段に違いますわ。わしらは体で覚えるほうやけど、親方はものすごう頭のええ人でね。あんな人はちょっと屋根屋にはいてへんのとちがうかなあ。屋根屋もやはり大工と同じように規矩術《きくじゅつ》を使います。しかし、実際には、当時の屋根屋というたら、もうほとんどは勘ばっかりでやってましたね。

そやけど、先に勾配《こうばい》や反りの具合なんかを決めて図面をきっちり書いておかなんだら、大工や現場の監督に説明できません。それで親方は一つ一つの仕事を原寸図に書いて、勘に頼らんやり方をしてたんです。

親方は、「どんな職人が手掛けても同じように葺き上がる段取りをつけるのが棟梁や。直接金槌《かなづち》をもって瓦を割ったり、打ちつけるのは棟梁と違うねん」といつもいうてました。親方の説明はわかりやすかったですな。それはもう天才的な頭の人でした。現場の主任や所長にでも、自分のやり方をちゃんと納得してもらってましたな。

民間の仕事は職人が自分一人でやればいいのですから、人に説明なんぞ、せんでもいいんです。ところが、大勢の職人が一つの仕事をする場合、みなを集めて一つにまとめるというのは大変なことでっせ。そやから下手も上手も、誰が葺いても同じように葺ける方法を考えるんです。そういうことを、親方は上手にやりますのや。

しかし、実際に仕事をする職人にとっては哀《かな》しいことですわ。みな同じに葺けるというのは、上手、下手の差ができないということや。腕を磨いたことも修業を多く積んだことも関係がなくなってしまう。そやから、わしもただのフゴ職人（下手な職人）かいなというて、文句をいうたことがありました。わしらを侮辱《ぶじょく》しているのかなと思うたこともあったけど、そんな意味じゃなかったんです。

　こういうことがありました。法隆寺で監督の吉岡さんと親方が喧嘩になったことがあったらしい。東室《ひがしむろ》の仕事をやってたときです。吉岡さんが親方に、

「お前が葺いてくれると思うて雇うたのに、若い衆にばっかりやらして」

　って怒ったらしい。親方は、

「責任はおれが取るんや、何が悪い」

　て喧嘩になってな。

「あんなことで怒っとる吉岡はんは、アホや」

　というてました。「棟梁の仕事を知らん」ってな。親方に惚《ほ》れ込んで頼んだ吉岡さんは、名人本人が自分で葺くとばかり思ってたんでしょうな。それが、指示するばかりで親方はやらんかったんで、文句のひとつも出たんでしょう。

けど、大きな仕事になったときには、自分が直接しているようでは、まわりが見えなくなってあかんのです。棟梁というのは、大きく全体を見て、職人を使う仕事や、そういう頭が親方にはあったんですな。

　わしも後になって棟梁になるチャンスが来たときには、その考え方を生かさしてもらいました。東大寺の大仏殿。あれは大きいですから、たくさんの職人を使わななりまへんでしたからな。自分一人ではできまへん。原寸図を書き、その通りに誰でもできる工法を考

え、段取りをして、みなに、やってもらわなならなりませんでしたからな。
勘ではああいうもんはできませんで。勘でやらせたら、てんでんバラバラの汚い仕事になってしまうんです。

親方は仕事もできるし、頭もいい。そやけどね。悲しいかな、あの人は体が弱かった。痩《や》せてましたな。西岡棟梁かて、あのころは体が丈夫やなかった。結核の病み上がりみたいなもんや。そんなんで、二人ともよう気が合うたんかなあ。

親方は栄養失調みたいなもんやった。食う物がないよって、法隆寺の仕事の帰りがけに、ウサギが大根の葉っぱを食うとるやつを、引っ張りあいして袋に入れて持って帰ったというてましたな。

当時、文化財をやっていた人たちは賃金は安いし、本当に食うのに困ってたんや。農家と違って食い物に携わるところの仕事と違いまっしゃろ。民間の仕事やないから代金を食べ物でもらうこともできませんし、もらったお金では安くて、ろくに食べ物を買うこともできまへんでしたからな。農家にでも行ってるのやったら、帰りにお金の代わりに米や麦を受け取れますのやけどもな。

まあ、みな、あの時代は生きるか死ぬかの境目《さかいめ》の生活をして文化財の仕事をやってましたんや。

学者も感心した親方の規矩術《きくじゅつ》

親方は仕事でも「ここはこうや」というて教えるんやなく逆に、「ここはどないするんや」というふうに聞いてくるんです。答えを教えるんやなくて、弟子のわしに考えさせる人やったな。そやからこっちもわかりませんとは白状せえへんのや。一晩寝んと考えたってわからへん。二晩目になったかて、聞くのもけったくそ悪いしな。それで考えますのや。たとえば、隅棟《すみむね》の原寸図を書くのに、展開図に書くんやが、だいたいのことはわかるのやけど、どう図に書いたらいいかわからへんのや。親方のとこへ行くまで、わしは図面を引いたことなんて一度もなかったしな。それに、図面を書くのに、いちいち屋根の勾配を測りに行かれへんしな。さんざん考えてこうやないかなと思ったころに、親方はセメントの袋を広げて書いてくれますのや。まあ、なんぼでも紙はある時代やったけど、親方は紙みたいなもん、買わへんもん。セメントや石灰の空袋の裏に、毎晩毎晩そうやって疑問を解いてくれましたな。

まあ、そこで教わるのは規矩術や。しかし、当時、屋根を葺く職人でそんな図面を書く人はおらんかった。それを親方はやっておった。それというのも、現場に行ったら自分が屋根をどういうふうに葺くつもりで、どう納まるのか、監督さんにきちっと理詰めでわかるように説明せないかんからな。

親方は後に、病気になってから『本瓦葺の技術』（彰国社、昭和四十九年刊）を書いたんです。そのお世話をしてくれたのは、そのころ東大教授やった太田《おおた》博太郎《ひろたろう》さんでした。あのときも原稿を書くのは大変でした。親方は原稿用紙やなくて、裏の白い新聞の折込み広告を集めて書くんです。本を書くには、文の初めは一字空けるとか、丸とか点があったら、それは一字分に数えるとか決まりごとがありますな。けど、親方はそんなのおかまいなしに思いつくままに書いていくから、後で整理する人は大変ですわ。

ところが、その原稿を見て東大の先生たちが、

「屋根屋さんってこんな難しい仕事か、こんなことまでみなわからんと仕事ができないんか」

って、わしにいうたんや。

「ああ、こんぐらいのもん、みな頭の中に入っとるのや」

と、すかさず親方はいうて笑っていましたがな。説明するのにやっぱり図面をきっちり書いて、寸法を書き入れてやれば、相手は安心して任せますわな。葺く前からこういうふうに葺きますよ、出来上がりはこうなりますよ、ということがわかりますからな。

江戸時代から規矩術に関する書物はいっぱいあったけれども、それまでの屋根屋はみなおっつけとか勘で、現場でやってみて納まらないから、納まるように瓦を取ってまた入れ

るみたいなもんでした。それを学者の先生らに感心されるとこまでわからせたのは親方の功績ですわ。

よき反面教師だった師のふるまい

親方にはいろいろ怒られました。不届《ふとど》きな話ですが、親方と喧嘩もしました。いっぺん喧嘩して、家に帰ったこともありましたな。

昭和三十一（一九五六）年、わしが二十四歳のころでしたかな。宮城県の国宝・瑞巌寺《ずいがんじ》の庫裡《くり》と廊下の仕事を終えてから、水戸の偕楽園《かいらくえん》の好文亭《こうぶんてい》をやって、愛知県海部《あま》郡甚目寺《じもくじ》へ行ったんですわ。重要文化財の三重塔の仕事でした。仕事の途中、お盆になったんです。そうしたら、わしより年齢《とし》のいった職人たちが、

「帰ったら支払いもあるから、山本、井上さんに少し給金を払ってくれるように、あんたからいうてくれ」

というんです。わしはいらんけど、親方にその通りにいうたんです。そしたら、親方は、

「施主さんからまだ金をもらってないから払われへん」

と、こういう返事でした。わしかて、いったん頼まれて口に出した以上は、そのまま下がられへん。それで、

「盆や正月に、職人に働いた金を払えんような親方やったら親方とちゃうわ」

というて、家へ帰ってしもうたんです。しかし、わしに頼んだ職人らは、わしが師匠と喧嘩して帰ったというのに知らん顔や。盆が終わったら、また涼しい顔してみな現場に行っとったんです。どうしようもないやつらや。

親方というもんは盆や正月に職人が故郷に帰るときには、施主がお金を払おうが払うまいが、借金してでも職人には給金を払わなならんとわしは思っておったけども、そんな意識は親方には全然なかったんやな。

それでも仲直りしましたよ。そのままにしておけまへんしな。どうやって仲直りしたかというたら、恥ずかしい話ですが、わしは親父に親方のところへ一緒に行ってくれと頼んで、謝りに行ったんです。親父かて、なんでおれがこんなアホなことせなならんのかというて嘆いてましたな。そのとき、親方にも、親方の奥さんにもきついこといわれましたなあ。

簡単にいいましたら、弟子のくせに「生意気や」ということですわ。親方が黒いといったら、白でも黒やといわなならんのが徒弟制度やったし、自分からお願いして弟子に入ったんやから、親方に説教するなんて、とんでもない話やったんです。まあ、生意気やといわれたらそれまでです。わしは、そのときは「くそっ」と思うたけどな。そやけど、本瓦の葺き方やらすべてを習わなならんし、一人では何にもできんのやからと腹に納めて、それからは心を入れ変えました。「いままでの山本と思うなよ」って自分に言い聞かせましたな。

しかし、わしにも言い分はあったんです。その一つ前の水戸でも、わしらはみな野宿《のじゅく》して仕事をしてたんですわ。水戸の偕楽園《かいらくえん》は梅の名所です。あれは日本三名園の一つやから中には宿もなしや。二日ほどの仕事でしたが、公園の小さなベンチで寝てたんです。三人いましたから、飯盒《はんごう》を炊いて、火の明かりで飯を食うてな。夏の盛りやから蚊に刺されてしょうがないから、新聞紙を丸めて水に浸し、くすべて蚊を追うたりしてな。そういう状態でした。そのうえ、水戸から奈良まで帰るお金かてもらってるわけやないから、親から出してもらっていたんです。そないしてやってましたんや。しかし、そんなことをいうてもはじまらん話や。親父にも迷惑かけたし、肝に銘じましたわ。

そやから、あとは喧嘩はしなかったですな。親方と喧嘩したってしゃあない。そういうときは腹に納めて、「ええ見本を見せてもらったと思え」と、うちの母親がいうてましたわ。「そういうことをみな辛抱《しんぼう》したら、後になったらいい教えやったなあと思えるようになるから」ってね。

「人に使われてこそ、人を使うたときにわかることがある。後になったら、いま井上さんがやっていることも、ものすごくお前のことを思うてやってくれたんやと思えるようになるから」

と母親がいいましたな。

以前はわしの親父も職人を使うてましたから、母親はそういうことをよう見てるんですな。その後のことですが、親方のところに二年ほど文化財関係の仕事がなく、それでわしの親父の仕事の応援に来てもらってたことがあったんです。親父は民家を中心に仕事をやっておって、わしも親父のとこに戻り、親方にも一緒に泊まってもろうてたんです。

まあ、親方は細かなことに気がつくほうやないから、なんの遠慮もなしにわしの家で飯を食って弁当をつくってもらって、仕事に行っておったんです。世話をした弟子の家やから、親方からしたら、それでもなんの不思議もなかったんでしょう。しかし、母親というのは少し見方が違うんやな。母親がわしを呼んでこういうたんです。

「お前がもし親方になったらな、あんなではあかんよ」と。

そのころ、家には長男夫婦も同居してまして、兄嫁がわしと親方の飯からなにもかも面倒を見てくれてましたのや。風呂から飯から弁当から用意してくれましてな。前に話しました足の悪い長男の嫁さんですわ。母親がいうには、「世話になっておるんやから、たとえ下駄《げた》の一足《いっそく》でも兄嫁《あによめ》に買ってお礼をするもんや。一銭ももらわんと、兄嫁は世話をしてるんやから。お礼の気持ちや、ありがたいという心を忘れたらあかんよ」って。

しかし、わしにしたら仕事を教えてもらっていた親方でしたから、「それだけはいわんといてくれ」と母親にいいました。

誰かて自分の欠点はわからんもんですわ。わしかて我《が》が強いさかい、人にどんな迷惑をかけておるかわからんしな。そやから人の欠点はよう見て、こういうことをしたらあかんと思うことはせんようにしようと思ったわけや。

漆喰《しっくい》は水を吸うか——師弟の論争

瓦というのは、屋根にのせるもんやし、しっかり窯《かま》で焼いたものですから水が漏《も》らないと思ってますやろ。しかし、漏るんですわ。とくに本瓦葺きは漏りやすいんです。漏らんまでも、蒸《む》れて屋根が腐ってしまうとか、空気の流通が悪うて、しまいには漏ることになるんです。屋根の傷《いた》む理由の一番は、野地板《のじいた》が腐ってしまう蒸《む》れ腐《くさ》りです。雨がにじんだり、漏れたりしたら、そのときに野地板が腐るわけではないですが、十五年ぐらいしたら腐ります。漏りはじめてからも、一年、二年ぐらいでは屋根の底が抜けるまではいきません。十五年以上たってぼそっと抜けますな。本瓦葺きの場合はそれまでわからんのです。でも最初から漏っているなあというのはたくさんありまっせ。ザアザア下まで落ちてくるような漏り方とは違うけれど、浸みこんでいきますのや。

瓦を見ていると、あれは浸みこむだろうな、というのはわかりますよ。たとえば、ここから見える寺の門、あの屋根をよう見はったらええけど、軒先《のきさき》の巴瓦《ともえがわら》と巴瓦の間に漆喰《しっくい》の汁が流れて真っ白になっとるでしょ。あれは丸瓦の下の漆喰に浸みこんだ水が、漆喰を溶かして流れてきている証拠や。

　葺き方や、下に置いた葺き土や漆喰の置き方、配合によって、そうなるんです。丸瓦を葺くときには、下に漆喰をたくさん置いたら瓦の座りがよくなるので仕事は楽なんですわ。漆喰をよけい置いてあると屋根が丈夫で、雨漏りに強いように思う人が多いんや。けどね、そうすると年数が経ったらあきまへんのや。

　ところが一般の人はそういうことを知らんから、たくさん漆喰を置いてくれるといい屋根屋だと施主さんは思うんです。文化財の監督さんもそうや。後になってわしが親方になったとき、わしの弟子らに、

「お前の親方が若い衆にやらせるのを見ていたら、漆喰が足らんな。もっとたくさん置け」

　という監督がいましたで。そんなことしたら、もうジャジャ漏りになってしまうんやけどな。それで、そういうことを監督にいくらいわれても、「そんなことをしたらあかんぞ」と職人たちにいってまわったもんです。しかし、

「お前んとこの親方はほんまにけちん坊や」

　と、うちの弟子に大きな声でいうてた文化財の監督さんも実際におったんです。それほど漆喰がおよぼす雨漏りの怖《こわ》さを知らなかったんです。

親方もわしが行ったころは、けっこうたくさん漆喰を置いてましたな。うちの親父がそれを見て、「あんなことしたらあかん」というてました。

親方は漆喰や土を盛るときに、木の枠《わく》を使うんです。素人に近い人が手伝いに来てるときには、漆喰や土を適度に盛り上げるのがむずかしいので、その枠を置いて南蛮漆喰《なんばんしっくい》を詰め込んでたんです。南蛮漆喰というのは、消石灰に苆《すさ》と砂を用いた漆喰をいうんですが、細《ほそ》く筋状《すじじょう》に置こうと思うても、なかなかうまくいかんから、そういう道具をつくって、みな同じように置ける工夫をしたんです。

手元《てもと》はふつうなら屋根屋の弟子がやるもんでした。とくに丸瓦の漆喰を置くときなんかは喧《やかま》しゅういいましたからね。それほど土や漆喰置きというのは難しいもんですわ。そやけど、親方の場合は、女の人夫さんやとか、そんな人に置かすわけや。それで箱形の枠を考え出したんですな。素人やったら量の加減ができへんけど、枠に詰めて置くだけやったら、それができますしな。松本城も枠を使って土を置く工法でした。

わしの親父はいっぱい置くんやなくて筋状《すじじょう》に置いてましたな。寒冷地の場合でしたら、丸瓦の下には土は置かず、竹を割ったり杉皮を丸めたものを芯《しん》にして、それに銅線で丸瓦を縛ってました。生駒は寒冷地ですから、そういうことをやっていましたな。そやけど親方は、もとは大阪の職人でしたから、そういうことは知らんかったようです。それで松本城で言い合いをしたことがありますのや。

松本城には素屋根《すやね》が掛かっとったんですが、トタンに穴があいておって、葺いた瓦の上に雨が降り、軒先が濡れておったんです。それを見て、

「山本、あれ、なんで漏るか研究しておけ」

というから、それは、

「丸瓦の漆喰が多くて、そこに水が浸みこんで漏ってますのや」

というたんです。しかし親方は、

「漆喰は水を吸わへんから、そんなことない！」

といいました。何遍いうても親方は「漆喰は水吸わんねん」というて聞かへん。

それでわしは、バケツに水を汲んできて、カチカチになった南蛮漆喰を浸けたんです。そしたら、水を吸い込んだんです。

「これ、水吸うてまっせ。だから、こんなもんたくさん使ったらあきまへんで」

といったことがありますわ。民家を葺く親方なら知っているそういうことでも、文化財関係の親方では知らなかったこともありましたな。わしは生駒という土地で育って、屋根にとっても厳しい条件のところで親父に仕込まれましたから、得してるとこもありますのや。

大阪では、もともと丸瓦の下に土や漆喰をいっぱい入れてグッと押さえ込むやり方でした。そのほうが見た目にはよく見えるのですが、土や漆喰は水を吸うんや。琉球《りゅうきゅう》では瓦の

間を全部漆喰で止めているけど、あれはまた違う漆喰ですわ。あれは防水性のある漆喰です。

土も漆喰と同じように水を吸いますよ。姫路城は丸瓦の下は「土」を置いて、それで外から防水性のある漆喰で固めたのですが、その漆喰が丸瓦の中の「土」と一体になってしまったらあきませんのや。水が土のほうへ浸みこんでいくからな。それなのに監督の加藤さんが「土はいっぱい置いてください」ていうたんです。そんなもんよけい置いたらあかん。丸瓦のまわりに漆喰を塗り詰めるから、その漆喰と中の土が空《す》くようにやっとかないかんのや。そやから、わしはできるだけ少のう少のう置かしました。

姫路城は昭和三十六（一九六一）年、わしが二十九歳のときで会社をおこす前にした仕事です。そのほかの現場にも、いろんな人がおってね。大阪城の一番櫓《いちばんやぐら》のときには、漆喰を少なくすれば、倹約しとるとか、けちくさいとかいわれましてな。それでも、そんなもん、腹立てて漆喰をいっぱい置いたら、えらいことになる。なにしろ相手は文化財やからね。批判するやつは何いうとるかと思いましたな。そのときわしは指示する立場やったから、そういうときの監督との喧嘩って大変や。わからん人にはなんぼいうてもわからん。間違いやというても聞く耳を持たへんしな。どんなにいうてもわからへん。なかには「職人は監督の言う通りやっとったらいい」という者《もん》まであったからな。そやから、意志が弱かったら負けてしまう、いわれたその通りにやったら文化財が早くだめになってしまうから、えらいこっちゃ。そやから、わしは自分が正しいと思うようにやらせたんや。

それから、後に薬師寺の監督をやらはった吉岡さんが、「雨漏りについて」文化財の研究会で発表されたんです。それは丸瓦の中の土が水を吸水し、雨漏りの原因になるという発表でした。吉岡さんも、自分が担当した建物が雨漏りや蒸れで腐ってしまい、それを研究してみたら、土の置き方に原因があったというんです。その建物は修理して二十五年ぐらいで軒先が腐ってしもうたんですが、その屋根は親方が葺いた屋根やったんです。文化財の主任会議で、土の置き方は少ないほうがいいということをガリ版刷りにして潔《いさぎよ》く発表しはったんです。

わしは親父に、土の置き方はものすごう厳しく仕込まれてきましたから、文化財の監督さんは吉岡さんが発表するまで知らんかったんかと思いましたで。

そのあと姫路城に行ったら、素屋根《すやね》がはずされておって、加藤監督が、

「山本君、丸瓦の土、よけい置いてないやろうな」

っていうから、

「いっぱい置けって、あんた、いわはったから、いっぱい置いてまっせ」

と、脅《おど》かしてやってん。そしたら青うなってましたんで、

「そんなもん、たくさんなんか置いてますかいな」

って笑いましたが、そんなこともありました。

漆喰から吸水するほかに、瓦自体も吸水するんです。雨が降るたびに吸水しますから、それがもとで蒸れてくる。下に葺き土を詰めているから瓦の中に浸みこんだ水分はなかなか乾かんのです。天気になったら表面に出ておるところは乾くけど、重なった部分は日も風も当たらんから乾きが遅く、奥のほうは、さらにじとっと濡《ぬ》れておる。その状態で雨が降ると、濡れたほうへ水は引っぱられ、それで雨水をよけいに吸い込んでしまうんですわ。そやから、瓦は空気の流れをよくして、重なったところや奥のほうが蒸れないようにしてやらなならんのです。中のほうや重なっているところができるだけ空洞になるようにするんです。大仏殿の平瓦なんかは、みな横から手が入るぐらいの隙間《すきま》があいてますのや。すごく風通しのいい状態ですわな。密着させんようにね。もちろん必要なところはくっつけてますよ。でも密着さすのは平瓦の谷の下の一点だけ。あとはいっぱい隙間をあけるように瓦を工夫してつくってあります。

闘病中に書いた『本瓦葺の技術』

親方が倒れたのは昭和四十三（一九六八）年やな。和歌山県の金屋町《かなやちょう》（有田郡《ありだ》）にあった薬王寺《やくおうじ》という重要文化財の現場へ行って三日目に倒れてしまったんです。わしはそのとき独立し、会社をおこしていましたから、そばにはいませんでした。脳溢血《のういっけつ》でした。寒いときやったそうな。狭い休憩場に大きなドラム缶を置いて焚き火をしていて、そこから外へ出たとたんに倒れたんです。意識不明でだいぶ長いあいだ入院してましたな。あのとき、もうあかんのとちゃうかというてましたが、後遺症《こういしょう》が残ったけども大丈夫でした。

屋根屋みたいな職業で、職人がそうやって倒れると、どうしようもないな。親方は、安いけれども仕事をずっと請け負うてやってましたから、少しは蓄えた金は持っていたんです。持っていたけども、病院生活が長かったら、なくなりますわ。職人というのはそういうときが大変なんです。自分の体がきかんようになったら、生活のしようがないんや。それで生活のほうは、近所の人が民生委員に生活保護を受けられるように掛け合ってくれたんです。それと東大の教授やった太田博太郎さんが、親方の生活を少しでも助けようと思って本を書くようにというてくれましたのや。体は動かんけれども、頭はしっかりしておったしな。親方がちょっとよくなってきてから、テープレコーダーを持っていって、しゃべってもらってそれを本にしようとしたんです。わしも手伝いに行きました。

太田先生も東大で建築科の資料として使えるようにテープに残しておこうと思ったんですやろ。それぐらい親方は瓦葺きについては権威だったんです。しかし、そのときはしゃべるのも困難だったんです。

その後、だいぶ体もようなったんですが、利《き》き手の右手があきませんのや。それで左手で字の稽古をして、読めるような字を書くようになりましたな。本に入れる図面も左手で書いてました。親方は器用でしたから左手でだいぶ上手に書きましたよ。わしらもあんまりいろんなことを手助けしてあげたら訓練にならんから、できるだけ自分でやらせるようにしむけたんです。それがよかったんと違うかな。『本瓦葺の技術』という本が出来上がったのは昭和四十九（一九七四）年でした。

そやけど本はできたんですが、印税をもらったら生活保護のお金が減額されますのや。そんなことになったら、せっかく本をつくっても何もならん。何とかせないかんと先生がそないいうので、わしが出版したことにして税金だけうちで払うて、送ってきた金は全部親方のとこへ届けることにしたのです。いまだからいえるんですがな。そないして金を届けましたな。

親方は薬王寺の仕事を下請けしてたわけですが、何もせんうちに倒れてしまったんですから、その仕事を誰かがやらななならんのです。そやけど代わりのもんが誰もおらんから、わしがやることになりました。わしにしたらその仕事は親方へのお礼のつもりやった。それで、「うちはここの金は一銭ももらわへんから、その代わり若い衆にええ仕事をさしてください。悪いところがあったらどんどんいうてください」と岩下監督に頼んだんです。そのときにはわしの会社にも、すでに弟子がおりましたからな。いまでは、わしより腕がいいというぐらいになった山本政典《やまもとまさのり》もいましたし、ほかにも五、六人行かせました。仕事は三ヵ月ぐらいかかったんとちがうかなあ。うちの番頭だった山本正治さんも、親方に対してのお礼奉公やからというて都合《つごう》をつけてくれましたわ。当時、会社としてはしんどかったけど、それぐらいの余裕はあったんですな。そやけど、お金をもらわん仕事というのは気楽なもんでしたわ。請求書も書かんでええし、若い衆の賃金だけ計算しといたら、よかったからな。わしがこのときもらわんかったお金は親方へ渡してくれましたんかなあ。わし、知りまへんのや。そのへんのことは。

親方が亡くなったのは何年やったかなあ、忘れてしもうたなあ。死因は、だんだん病状が悪化して体が動かんようになって亡くなったんやな。それまでにややこしい問題がいろいろとあったけども、恩返しできただけよかった。恩返しなんて、なんぼしても足らんけどな。そやけど、わずかだけど、やっぱりやれるだけのことはやれたというのかな。自己満足ですがな。

第四章　瓦職人の会社を設立

独立と親父の死

ちょっと話が戻りますが、六年間修業させてもらった親方のところから昭和三十二（一九五七）年に独立し、親父のとこへ戻って民家をやるようになっていたんです。しかし、家に帰って来るなり、親父がそれまで自分でやっておった仕事を全部わしに任《まか》してしもうた。そのころは、親父のところに職人も何人か来てもろうてましたから、それも全部わしが引き継いだんです。

その後、結婚して、生駒駅前にあった畳屋の二階を借りて、そこに住むようになりました。そこには一年半ほどおりました。

明くる年の五月でした。親父の具合が悪いようやから、病院へ連れて行き、レントゲンを撮るために裸にさせたら、ガリガリに痩《や》せ細っておってね。夏やったら気がつくけど、あんなに痩せていたとは気がつきませんでしたな。

こんなになるまで、苦労さしたんやなと思うて、つらかったですわ。親父はわしが「本瓦葺きをやりたい」と言い出して再修業に出てから、じっと我慢しとったんでしょうな。

先生に、「手術が成功する確率は一〇パーセントしかない。それも開けてみないことにはわからん」といわれましてな。おじさんや兄弟で相談した結果、一か八か手術することになりました。

そやけど開けてみたら、もう手遅れで、どうにもなりませんでした。閉じてしまえばもと通りに食事くらいはできるようになるだろうと思うてましたが、腸閉塞《ちょうへいそく》になり、口から入れた水も飲まれんようになって、結局、点滴だけになってしまいました。もうあまり長くないということがわかったので、わしは親父が死ぬまでの三ヵ月は毎日看病しにいってました。他の兄弟はみなサラリーマンやったし、ほうぼうから見舞いに来てくれる人の応対やとか、毎日付き添っている母親とも交代してやらなあかんかったしな。

そやけど、親父は体はそんなでしたが、頭だけはしっかりしてましたな。母親は毎日朝から晩まで看病して、痛がる親父の体をしょっちゅう夜中に撫《な》ぜたりせなあかんかったんです。そやから、たまにうとうとしてしまうと、痛うて寝られへんから親父は、「寝てばっかりで、そんななら家で寝てこい」とおかんのことを怒ってました。それで、昼に交代してましたが、それでもおかんは家に帰らんと、親父にずっとついてましたけどな。

結局、昭和三十三（一九五八）年八月二十八日、親父は自分の誕生日に死にました。五十六歳、胃癌でした。わしが天理教の旭大教会の屋根を葺いとる最中のことでした。

その後、仕事に戻って屋根を葺いているときには、いろいろと親父に聞きたいことがありましたな。仕事だけやなしに、いろいろと他の人には聞けないことがその都度《つど》ありますしな。しかし、聞こうと思うたときには、もう親はおりませんしな。どれだけ親父がおってくれたらと思うたことか。

親が生きているあいだに親孝行したろうと思うたって、なかなかできませんな。生きているときは、いることが当たり前みたいに思うてますしな。親が死んだら、親のありがたみは痛いほどよくわかりますけど、そのときではもう遅いですからな。後から親を思い出して、親孝行しようと思うて、お墓に布団かぶせに行ってもなんにもならん。それやったら、生きとるときに少しでも「親」と「恩人」には、孝行しとかなあきませんな。

親父が死ぬまでの間、わしは仕事もしとらんかったから、その間、うちの生活はどないしてたんかなあと、半年以上経って嫁さんに聞いたんです。そしたら、嫁さんが結婚するまで働いてた貯金を崩して、やりくりしとったらしいんや。それがなくなったら、離縁しようと思うとったらしいですわ。それまでずっと黙ってましたな。

母親はまあまあ長生きしました。七十八歳までおったんかなあ。

現在、事務所のあるここは、親父が死ぬ前に五十坪だけ、わしの分として土地を買うておいてくれたんです。農地法という法律があって、非農家の者《もん》は、農地を取得したら二年以内に建物を建てないかんという規則になっていたらしいんです。それを放っておいたもんやから農地委員の人が怒って、「家を建てへんのやったら農地にしてしまうから、地主に返せ」というてきたんです。たまたま妹が嫁いだ先が線路の向こう側で材木屋をやってましたのや。それで、

「わしはいま一銭も払えんが、建ててくれんか。何でもええんじゃ」

というて頼みましてな、その婿さんの兄弟が大工をしとって、なんとか家を建ててくれたんです。

そのころは土地ブームで田圃《たんぼ》が売れて、農家がアパートをつくるのが流行《はや》っていたころでした。文化住宅というのか、田圃にそういう簡単な家を建てたり、大阪の中小企業用に農家の人が貸し倉庫を建てたりしてましたんや。農家が土地を売って金持ちになったころですわ。そんなんでずいぶん忙しく仕事がありました。高度成長期で毎年物価が上がってたときですわ。物の値が上がるのをみな知ってますから、仕事を頼む人は先にお金を持って来るんです。「来年建てる分を先に払っておく」というてな。翌年になると、材料や手間賃が上がるのを見越して、「それだけで頼んまっさ」といって、先にお金を持って来るんです。そんなやり方の人もおりましたな。

わしは民家をやっておっても、文化財の仕事も親方から呼ばれればやっておったんです。唐招提寺《とうしょうだいじ》の宝蔵などの国宝や重要文化財、滋賀県の石山寺本堂、東京大学の赤門、姫路城天守閣など、親方が請けた仕事をしに行ってましたな。まだそのころ、わしは独立して職人にも来てもろうてましたが、会社組織にはしてまへんでした。

工期もお金もなかった小田原城の仕事

そのころは、文化財の仕事は親方が元請《もとう》けから請けて（下請け）、わしや職人を呼んで仕事をするという形でした。元請けというのは、発注者からなんぼでやりますと、最初に契約する業者です。そこから実際にやる人へさらに仕事を降ろすんや。親方の場合は、わしらをさらに呼んでやるわけや。呼ばれたら、わしが職人を連れて行ってすることもあるし、段取りだけして、後は職人に任せることもありました。下請けのさらに下請け仕事（孫請け）ですから、どうしようもなく安い仕事を取ることもあったんです。

わしが自分の家を建ててすぐのころです。昭和三十五（一九六〇）年、二十八歳のとき、親方が小田原城の天守閣の話を持ってきました。とても安い仕事で、足が出るような額やったんです。それでも「お前やったらできるから」と押しつけられました。

そやけど、親方ができへんのに、わしにできるわけがない。要は「お前やったら恥をかいてもかまへんからできる」ということですわ。いまから思えば、「井上新太郎の名がすたるようなことはできない」ということとやったんやろうと思います。プライドが高くなると名も上がる。そうなると、かなりの仕事をしようと思ったら安くてはできなかったんでしょうな。それほど値段的には無理な仕事でした。しゃあないですわ、親方のいうことですから。

そのときは、わしとしたら、職人やら手元《てもと》を集めなならんし、請けた額でできなかったら、せっかく妹たちに借金して建ててもらった家を手放さないかんことになると思いながら、しぶしぶ小田原城の仕事に出かけました。

それまでわしは、文化財の現場だけでしたから、ゼネコンの仕事は小田原城が初めてでした。昔は、文化財以外の現場のことを野帳場《のちょうば》というてました。小田原城はコンクリート造りで、文化財やないんです。仕事に入る前、ゼネコンへ挨拶に行ったんやが、「挨拶のしかたがわからんのか」といわれましてな。ある人が、「先から来てる大工とか左官とか鳶《とび》とか、そういう連中のところへ酒の一本や二本買うて持っていくのが挨拶や」と教えてくれたんです。あのころはそれが礼儀だったらしいんです。

昔は、電気屋なんか左官屋に挨拶しとらんかったら、電気配管の中へモルタルを流し込まれたりして、工事の邪魔をされることがようあったらしいんですわ。他にもいろんなことを教えてもらいましたな。わしはなんも知らんと、ほんまの挨拶だけをしとったんですな。純粋なもんやったなあ。

現場には松本城へ一緒に行った増田さんと出口さん、それから中西さん、宮崎さんとわしの甥《おい》っ子の勲を連れて行きました。お城の下にグラウンドがあり、そこに一棟飯場（宿舎）が建っていて、大工や左官と一緒に寝泊りしてました。飯場の中はコンパネみたいな薄い板で部屋を仕切っとるんやけど、隣が見えるんです。屋根はトタン屋根で、天井もなかったですわ。そやから、雨が降ったらえらい音がするし、柴で飯炊きするとトタンの裏に煤《すす》がたまりますんや。冬場の朝方になって、なんやおかしいなあと思うたら、霜が溶けて布団や体の上に黒い汁が流れてて、みな真っ黒でしたわ。それに北風の強い日は、顔や布団が砂まみれや。いまからは考えられないような生活でしたな。

自炊もしてました。それで、わしの甥に食費代を渡しておいたんやが、おかずをひとつも買うてこんと、先に買ってあった食料を使うだけなんや。おかずはわかめの味噌汁だけ。わかめも切らんと、長いままで、洗わんとようけ入ってましたから砂でジャリジャリしてましたな。仕事以外にも味噌汁づくりから教えなあきませんでした。

この仕事は、わしらが現場へ入ったのが遅かったですが、それでなくても工期が短かった。行ったときには、すでに一番上の鯱《しゃち》を取りつけるための丸太組足場が三層目（最上階）のコンクリートスラブ（床）から屋根をくりぬいたかたちで組んでありました。トンボクレーンも設置されてましたが、左官や大工が占領してもうて、わしらが瓦を上げようと思うても、使わせてくれまへんでした。

しゃあないから、わしらは丸太足場を利用して仕事をしてました。職人のなかには意地の悪いのも、たまにおりますのや。

そうしてましたら、ある日、タワーの荷揚げ用のワイヤーロープが切れてしもうたんです。それを修理できる人がおらんで、ほったらかしになってました。ところがわしのとこの職人がうまいこと直してしまいましたのや。それからみなの態度が変わりましたな。

突貫工事でしたから、人手が足らんようになってしもうて、奈良の瓦屋へ人を世話してくれるよう頼んだら、何人か送ってくれました。あるとき、その一人が「財布ぐちお金を借りていきます、すぐに戻ってきます」と書き置きしていなくなったんです。ほんまに帰ってくるだろうと信用してましたが、いつになっても帰って来ない。そうしてたら、ほかの職人たちが、カメラを取られた、金がないだとか、みないろいろと言い出すんですわ。わしも気がつかなんだけど、寝てる間に腹巻きから財布ぐち現金もなくなってました。後から知りましたが、指名手配中の男やったんです。詐欺師と泥棒の両方でした。後日、世話してくれた人が、とられた分だけあんばいしてくれましたけどな。

いろんなことがありましたけど、死にものぐるいでやりましたな。安い仕事をこなすには自分の体を使うしかないですからね。職人たちもほんまにようやってくれました。仕事をするまでは損な仕事やと思うてましたが、最後までみなに支払いすることができました。

そして、少し残ったお金でホンダの125ccバイクを一台買えましたし、母親と嫁さんと一緒に熱海と箱根を三日ほど旅行することができました。

わしがやった仕事の中で小田原城は一番の安物仕事でした。この仕事だけは工期も金もないし、本当に大変でしたよ。

姫路城で初めて棟梁に

今日、姫路城を見てますと、日本一の名城として聳《そび》えてますな。あの瓦葺き、わしが初めて棟梁としてやったんですが、ほんまにつらい仕事でした。ついこの間まで、思い出すのもつらかったですな。

当時は、文化財の仕事をあちこちやらせてもらっていましたが、つぎの現場へうまく続けていけるときと、続かないときがありました。この工事も解体されるころから、親方から現場で仕事ができると聞いており、早くから仕事に入る準備をしてたんですが、なかなかお呼びがかかりませんでした。仕事が遅れるというのは、職人にしてみたら大変なことなんです。ほかの仕事をあけて待っているわけですから。やりたくてしょうもないのに、ほかから仕事を頼まれても断ったりしてましたな。昭和三十五年の秋になって、予定よりだいぶ遅れて仕事が始まりました。東大の赤門が終わって姫路城へ行ったんです。

姫路城の瓦葺き工事は請負契約で、三軒の瓦屋が元請けでした。その中のある一軒から親方が請けたんです。さすがに国宝の城だけあって丸太組の素屋根も、事務所も、運搬用のトロッコやエレベーターまで用意された立派な作業場で、当時では最高の設備やったですよ。城の五層目（最上階）まで登ったら、丈夫な木材で組み上がった建物、きれいな軒《のき》反《ぞ》り、唐破風《からはふ》、立派な野地板《のじいた》と最高でした。倉庫に積まれた瓦もええもんでした。

仕事はまず、瓦の選別から入ったんですが、ずいぶん品質をやかましゅういうて納品させたんやろうなと思いました。これやったらしっかり葺けば長いこともつ、いい屋根ができると思いましたな。しかし施工に対する設計が悪かったですな。そのときの土置きや漆喰の話はしましたな。監督さんが土をたっぷり置いてくれといったあの話です。それ以外にも肝心な瓦の止め方や葺き土の質などいろいろとありますが、またいつの機会にか、お話ししましょう。

それだけ準備はよかったんやが、働くほう、人を使うほうが問題でした。現場に行ってみると、大工や人夫《にんぷ》が赤い鉢巻《はちまき》をして、仕事をせえへんのですわ。ストライキです。まあ、賃金か待遇が不満なのかわからんかったけれど、労働争議みたいなことをやっとったんや。

わしらの仕事は、工事の最後のほうの仕上げ段階ですやろ。そのころには他の職人の仕事は、ほとんど終わってましたからな。当時はいまと違って、現場が終わると職人も監督もクビや。つぎの現場で新しく雇用関係を結び直さなくてはいけなかったんですわ。退職金もなければ、つぎの現場が都合よく始まってくれる保証もない。当時は姫路城だけでなしに、奈良でも東大寺の中門でも、赤旗をあげたりしてやっとりました。そんな時代でした。

昔から城は、その時代の権力と技術、人間の労力によって築かれたものですが、ひどいときには、完成したら秘密が漏れるのを恐れて職人を土に埋めたり、首を刎《は》ねたりしたとか聞きましたが、いろいろのことがそのときどきにおきているものですな。

わしらには直接関係はなかったのですが、まわりがそんな状況だと、仕事をするような雰囲気と違いましたな。それに、夕方五時ぴったりには電源を切られてしもうてな。もうちょっと仕事しようと思うても、肝心の瓦や土を屋根の上にも上げられんような状態でした。そのくせ工期だけはやかましくいわれましたな。

ちょうど寒い時期でした。寒いので薪《まき》がほしかったんですわ。焼却所には木くずが山ほど積んであったから、暖房用にわけてくれるように頼みに行ったんですが、くれませんのや。

「請負で来てるもんは費用の中にそうした金も入っておるやろ」

というんです。ただ燃やしてしまうんやったら、くれてもよいやろうと思ったけどなあ。親方がいる仕事や。喧嘩してもしゃあない。しかたなしに、暖をとるために親方が薪を買ってましたわ。

瓦を葺く準備や段取りを終えて、葺き作業が始まりました。しかし、どう計算してもお金が足らんのです。わしらの仕事は技術はもちろんやが、人数でかからなかったらできんのです。その話を親方にしたら、「足りない分は元請けの瓦屋が出してくれるやろ」と、いとも簡単にいうたんです。そういうことは、ふつうはないんですわ。請けた額でやらなければならんのです。

十二月になり、職人たちの給金を袋に入れる手伝いをしてたら、東大の赤門の仕事から来てもらっていた職人さんの日給が五十円安くなっとるんです。すでに親方が五十円値下げした明細書をつくってありましたわ。職人は日給です。自分の腕で稼ぐんですから、わずかに下がっても敏感ですわ。

「何の失敗もせえへんのに、給金が下がるというのは職人は納得しません」

と親方にいったんですが、

「この仕事は長くかかるし、二十人から二十五人もいると大きな金額になってくるから辛抱してもらえ」

というんです。すでに親方は全員の給金を計算してあり、千円札が何枚、百円札が何枚、十円玉が何枚と、揃《そろ》えてましたな。ところが、それを給金袋へ入れていくと、十円足りなくなったんです。「時間がかかっても調べよ」といわれましたんで、必死に捜しました。しかし、出てこない。「十円でこんなに時間がかかったらえらい損だ」といっても、聞いてもらえず困りましたな。とうとう最後まで見つかりませんでした。その夜、わしがみなに給金袋を手渡したんですが、案の定、増田さんが怒ってきました。

「おい、山本、これはどういうことだ。上げてくれるんならわかるけど、下げるというのはどういうことや」

と。親方は別の現場へ行くため、帰ってしまっておらんから、わしがこういう事情やと説明したんです。そのときはそのまま収まったんやが、みなの仕事ぶりが、つぎの日からおかしゅうなった。やる気を失って志気が下がってしもうたんです。わしは親方の下でみなに仕事してもらう立場や。困ったことになったなあと思いました。親方はたった五十円と思っているやろうけども、使われるほうはそうは思っていないんや。わしのはそれまで通りの給金やったし、よけいみなに悪い気がしてならんかった。こんなことやと正月明けに、職人が戻って来んのやないかと心配しましたが、みな来てくれました。岐阜の連中も五人ほど応援に来てくれました。

工期は三月まででした。天守の上は非常に寒く、葺いているうちに土が凍って仕事のできない日もあったんです。そんな寒い日に土を使うことはよくないんです。なぜこんな悪い時期に屋根を葺かねばいけないのかと思いましたな。そんな季節にはやらんほうがええんですが、費用と工期だけで考えるお役所にはこういうことはわからんのやな。しかたなく凍《い》てる日も作業することになってしまいました。

しかし、そうしているうちに職人たちが少しずつ帰っていくようになったんです。暖かくなれば、民家の仕事が始まります。民家のほうが賃金はいいんやから、しょうがない話や。しかし、わしは困ってしまった。人手がなければ工期にとうてい間にあわん状態やったからな。それでわしの嫁さんの親戚を頼って三重《みえ》まで人探しに行ったり、手の者《もん》を呼び寄せて、なんとか人手を保ちました。

そしたら、元請けの瓦屋からわしに、

「ちょっと来てくれんか」

という電話があって、行ってみると、

「井上さんが都合悪くなったから、あんたがこれからはやってくれんか」

と、こうや。途中で棟梁を降りるということです。親方も一緒におって、わしに「頼む」というしな。

さらに、これまでの額に百万円足すというのです。そんなお金が出せるんやったら何で最初からそれを出さんかったんか、とわしは思った。これまで気まずい思いをしたり、仕事が遅れてしまっているのも人件費を削《けず》らなならんかったからや。そのためになんぼ苦労したか。腹立ちましたで。しかも、親方も同席しとる。その親方を降ろして、そのうえ弟子のわしが百万円余分にもらうなんて、欲しくてももらえませんわ。わしはいままでの額で引き受けました。アホな話やなあ。元請けの瓦屋はわしがいらんというたんやから、それだけで百万円儲かったんや。結局、苦労せなならんのはわしと職人たちや。何が何でもやらなければならないと、そう思いましたな。

そうして引き継いだんですが、五層目の地葺きのみが終わっただけで仕事はこれからが本番というのに、金は半分ちょっとしか残っておらんかった。しゃあない、職人をみんな集めて、親方から引き継いだ予算内訳をみな見せたんです。

「きょうからわしがこの仕事を引き継いだ。金はこれだけしかないが、みなに払う日当で足らん分が出たらわしが責任もつ。もし余ったらそのときはみなで分けようやないか。そやから、やってくれんか。何とか国宝の姫路城を完成させたいから協力してほしい」

と頼みました。みな納得してくれてな、松本城から一緒に仕事をしていた手元《てもと》の頭《かしら》の増田さんも、

「ふつうにやったらできへん仕事や。お前がそういうんなら、よし、わしが男にしてやるからしっかりやれ」

というてくれました。それから労働組合にも挨拶に行きました。それで「こういう事情でわしが引き継いでやることになりました。命をかけてやりますのでよろしゅう頼みます」というてな。そしたらその人らもそれからは薪はくれるし、いろいろと協力してくれ、仕事も順調に進むようになりました。職人たちも朝から晩遅くまでみんな一生懸命やってくれてましたな。

しかし、そういうときには悪いことも起こるんや。増田さんが工事用のエレベーターで指を三本詰めたんです。見たら手から血がいっぱい出ている。タオルで手首をしばって医者へ行ったら、指の骨が二本折れてしもうてました。それなのに、
「お前を男にしてやるちゅう約束したんやから、こんな指の一本や二本、なんでもない」
と。それからずっと、一言も痛いといわんと、毎日休まず人の三倍も仕事をしてくれてました。

工事もだんだん進み、鯱《しゃち》を上げる日が来ました。その仕上げは長年お城で働いていた鳶《とび》職《しょく》の福井さんに上げてもらおうと思っていたんですが、福井さんも喜んで気持ちよく引き受けてくれました。ちょうど桜の花が満開でした。文化財の監督である加藤さんと、労働組合の事務所の人たちも出てくれましてな。花見を兼ねてお祝いしましたな。そういうことがあって、なんとか桜の咲く時期に間におうたんです。考えてみたら、自分が途中からやが棟梁になってやった初めての仕事が姫路城ですわ。

完成後、初めて嫁さんやお袋を呼んで自分らの仕事を見せました。ところが、お城の落成式にもお祝いの席にも、わしら実際に仕事をした下請けの職人には何の招待も感謝状もなく、当初はとても寂しく思いました。仕事の責任は重く、社会的地位が軽いのでは、職人の頑張る気持ちが萎《な》えてしまいます。こんなでは職人がだめになってしまう、そのときにそう強く思いましたな。

会社「生駒瓦清《いこまかわらせい》」をつくった理由

大阪城の千貫櫓《せんがんやぐら》の工事を完了した直後の、昭和三十六（一九六一）年九月、第二室戸台風がきました。新築の家が何棟も倒れてましたな。山の松の木も、生きてる木がそのまま百メートルも飛んでました。学校や大きな建物は、窓ガラスが割れて、そこから風が入り、天井を押し上げ、巻き上げながら瓦を建物の中から吹き上げてしまったような、そういう状態でした。

風がおさまると、あっちからもこっちからも見に来てくれと、そりゃあ、ものすごう修理の連絡がありました。もう収拾がつかんようになってしもうて、雨が漏らんように仮補修だけしてまわりました。

わしの習った学校だけは、親父に弟子入りしてからずっと、合間合間に小修理に行ってました。習うた先生もおりましたからな。「学校の先生になる」と、嘘をついてしもうたという気持ちがありましたし、ほかにもいろいろと先生を困らせるようなことをようけやっとったしな。いつか恩返しできたらと思うてました。そしたらこんな災害が起きてしもうてな。

すぐに学校に行きました。たいした傷みやなかったけど、直そうと思いまして、恩師に相談したんです。ところが黙って修理をするわけにはいかんので、役場へ一度行って相談してくれということでした。役場へ行くと、「山本はん、いいところへ来てくれた。生駒町（現、生駒市）の学校全部、それに警察の建物から幼稚園まで町営の建物をみな見てほしい」ということになって、町内の端《はし》から端まで見に行きました。学校だけでも十一校もあったんです。役場へ戻ると、「山本さん、なんとか雨が漏らんようにならんか」といわれましてな。応急処置を引き受けました。

台風で被害にあったお得意さんからの修理の要請もありましたが、事情を話すと、「雨漏りするところでは勉強もでけへんやろうから、学校を先に修理したってください」というて、みな待ってくれましたんや。

このときは大事なもんをいただきました。感謝状ですわ。独立してからの第一号です。屋根屋になって、ほんまによかったと改めて思いましたな。その感謝状は、いまでもずっと会社に飾ってあります。

昭和三十八（一九六三）年に山本瓦工業株式会社、「生駒瓦清《かわらせい》」をおこしました。働いてくれる若い衆を擁護するために、会社にしようと思ったんです。個人個人で雇っていたのでは退職金とか保険もかけられませんやろ。人を集めて責任ある仕事をするにはちゃんと保障せないかんと。それをちゃんとやるのだったら組織にせならんと思いましてな。

仕事が切れたから帰れ、みな休め、仕事があるから来い、働いても日当だけで保障も何もない、そういう時代を見てきましたからな。これでは親方というて威張っても、人を抱え込むことはできません。人も育たん。わしは親方の井上新太郎さんについておったときに、これからの時代、やっぱり人を育てるには、徒弟制度のままではあかんし、弟子たちもついてこんと思ったんです。親方は明治の人やったし、自分が修業してきた社会も、下請けの世界も旧式でしたからな。しゃあないっていえばしゃあないんやけども、これからの時代、それでは人は育てていけまへんからな。

わしが会社つくったのは東京オリンピックの前の年です。日本中が高度経済成長で景気のいいときです。あのころは、楽《らく》してもようけ給料を払えるような会社がたくさんあってな。徒弟制度で仕事を覚えるというような時間のかかるとこには、誰も来いひん時代になってました。工場で働けば賃金も保険も退職金も保障されていますからな。昭和三十八年に会社をつくったときには社員は十五、六人おったんかなあ。

あの当時、仕事はなんぼでもありました。それに、賃金かて、どんどこ上昇するしな。金、金ばっかりの時代になってきたころですわ。そのころは、民家の仕事が多かったですな。それと、文化財の仕事は下請けやけど、大きな物件があちこちにね。通常では間に合わない大急ぎの仕事とか入ってきましたな。しかし、会社にはしたけれども、元請けとしての請負登録《うけおいとうろく》の指名も取れませんでした。そやから文化財の仕事はどこかの下請けでないとできなかったんです。

井上さんは自分が元請けをしようと思うてもできへんから、丸ごと仕事を取った瓦屋から、それを下請けする方法でした。下請けで下ろしてくる瓦屋さんは奈良の「瓦宇《かわらう》」とか、「瓦又《かわらまた》」とかね。小林章男さんの叔父さんの喜造《きぞう》さん、あそこが「瓦宇」です。「瓦又」というのは、うちの工場長の鈴木啓之が以前におったところです。そこらへんが大きいところでしたな。姫路では小林平一さんのところでしたね。元請けの瓦屋は下請けに仕事を出すんやし、責任はあるけどもマージンを取りますから少しは儲かりますわな。

井上さんが請けていたのは、こんな安かったらできへんという仕事とか、大突貫《だいとっかん》ばっかしでした。力がなかったら、そういう仕事をもらうしか生きていけへんかったのや。そやから、わしとこかて会社をつくった当時は、そういう体力まかせみたいな仕事ばっかしでした。

まあ、形としては会社にはしたんやけど、内実は徒弟制度みたいなものです。それにわしは社長ではなくて親方で、社員というても丁稚《でっち》に来ているようなもんですわ。

あのころ弟子に入ってきたのは、中学を卒業して「金の卵」と呼ばれて田舎《いなか》から都会に来た人たちです。秋田から来たのもおりまっせ。大阪のどこかの材木屋におって、車に乗る仕事に就《つ》きたかったのやが、向こうにおったら乗せてくれへん。それで何かの伝手《つて》でうちに来たのもおりました。同じころに中学出の甥《おい》っ子の勲《いさお》も入って、寝泊まりしてました。

内弟子ですわ。それ以外はみな通いでした。

社員にしたなかには、親父のところへ職人で来てた人もいましたな。それと親方が使うていた増田さんや出口さんとか、そういう人もみんなわしのとこで抱えました。そやから年上の人のほうが多いんです。松本城や姫路城とずっと一緒やった増田さんなんかは、わしを呼ぶのに「親方」じゃなく、「おい」や。逆やもんなあ。

会社をつくったときから、わしは他の会社よりは社員に金をたくさん払えるようにしようと思い、そうしましたな。仕事はどこよりもしっかりやる、そのかわり払う金もよそより余分に払う、そう決めましたのや。

それでもうちの職人のなかには、社員になるのを嫌がるもんもおったんです。農家と兼業で、暇なときに仕事に出るという職人は、会社員になったらきっちり申告せないかんやろ。あのころ農家は専業で、ほかで働いて収入は得ていませんと、嘘の申告をしておる人もおったんです。それが社員になったら税務署へみなわかってしまうと困るねんというて喜ばん人もおったのや。十五、六人の社員のなかには、半農の人が七、八人いました。そんな人がなかなか社員にならなんだ。なってくれなくてもいいんやけども、やっぱり職人の保障をしていこうと思うたら、そうはいかんしね。またせっかく腕を身につけさせたのに、よそへ行かれたんでは困りますからな。それで退職金制度もちゃんとつくったんです。

足るを知るということ

あのころは消費経済の始まったころで、「消費は美徳」といわれてましたな。政治も日本経済が大事やいうて。とにかく「もったいない」ということを考えさせんような時代に入ったわけです。みな物をどんどん捨ててしまうような、そんな時代に突入したわけや。その始まりがわしの経験からでは、ナショナルのテレビからでした。

長い間、無理してやっと買うたテレビがわしの家にあったんです。まわりを手彫りの彫刻で仕上げてあって、立派なテレビやった。一生懸命、手間をかけてつくられとったもんでしたわ。音響もそのころのテレビの中ではええもんでした。しかし、テレビ画面がだんだん見えにくうなったんで修理を頼んだら、部品がないから、ほかせといわれて、結局、代わりにプラスチックのテレビがきました。ものすごうもったいなかったですわ。えらい時代が来たもんやと思いましたな。

わしは若いころから文化財の仕事をさせてもらってきましたから、古いものを大事にせなあかんという考えがあっての話です。それと逆行したような世の中になってしもうた。

高度経済成長期で、バブルの最中には物価と一緒に一年間で三割くらい賃金が上昇したときがありました。世の中がそうなってくると、職人も、金、金ばっかりいうようになりましてな。こっちもある程度あんばいしとったけど、なんぼ給料を払うても足らんような顔をするんや。それで、職人がおらんようになったらえらいことやと思いましたけど、わしも腹をくくって職人を集めて話しました。

「まじめに働いてくれさえしたら、生活するぐらいの金は心配せんでええけど、それ以上の贅沢《ぜいたく》しとうて金がほしいんやったら辞めてくれ」と。屋根屋の職人みたいなことしとったら、いつまでたっても金持ちにはなれませんわ。極端なことやけど、そう言いましたな。

親父が日当を一升五合しかもらえんかった時代に、ものすごう苦労して守ってきた得意先の仕事を金欲しさの、そんな気持ちでしてもらいたくなかったですしな。施主さんも、金目当てで仕事をするもんと、そうでないもんくらいはわかりますよ。徳を積むのは何十年もかかるけど、信用を落とすのは、あっという間ですわ。

結局、誰も辞めませんでしたな。それからずっと給料のことについて一切いうもんはいませんな。そやけど、そんな職人たちを見とったら、できるだけのことはしてやらなと、逆に思いましたな。

その結果、いまもわしのところでは、やるもんはやれというてます。そやから自分から習いたい、腕を磨きたいと思うとるもんは、休みの日でも勉強してますな。ほんまに熱心な人がおりましてな。嫁さんも、子どももおるのに、日曜日になると工場に原寸書きしに来とるんです。ある日、その嫁さんの親から、「父親らしいことをやってもらえるように、頼んでほしい」という手紙が届いたこともありましたな。わしのところに来る職人はみな一生懸命な人ばっかりですわ。一日一日の積み重ねが、十年経ったら大きな開きになってきますからね。やったらやった分だけ、必ず自分のものになっていきます。毎日同じようなことをしよったら、進歩がありませんわ。

いい仕事をしようと思ったら、「いい仕事をせないかん。立派な仕事をやらないかん」と、そういう信念を持って働くことがまず第一です。金儲けの根性しかなかったらできませんわ。仕事というもんは、心と頭でするもんです。手は勝手に動きよりますわ。仕事を教えるよりもまず先に、そういう精神的な面での教育をしないと。それが基礎やと思いますわ。

文化財を残そうと思ったら人を育てな

わしのところに中学を卒業したもんが来たときも、「何時間労働ですか?」「いくらくれますか?」と聞くんですわ。びっくりしましたな。こっちも「習いに来たんか、勉強しに来たんか、金儲けに来たんか、どれや」と聞き返しましたわ。学校で、夜も仕事をすると労働基準法違反になると教えてもろうたというてました。腹が立ちましたな。わしらが職人を養成するために夜教えたら労基法違反や。そやけど、学生は受験勉強するのにお金まで払って家庭教師に教えてもらってるのは違反ではないんですな。勉強やったらええんですわ。

わしらの仕事は、仕事中に教えられんことがようけあるから、晩に教えなならんことがありますんや。そういう時間は、労働時間になるんですかね。おかしな時代になってしまいましたな。わしらかて弟子を仕込むのは勉強のうちですわ。晩に教えるのは労働時間とみなすか、みなさないのかはっきりしてくれと、労働基準局に聞きに行ったこともあります。基準局の人は「適当に」といわれますんや。仕事は、死ぬまで勉強ですわ。

いまもそうですが、あのころも金、金の時代でしたからな。教育と時代があってませんのや。教育の基礎がなっとらんから、子どもに何を教えてるんかと思い、文教委員会という政治家のおるところへも行きました。当時、文教委員長は山梨県の人やったと思いますが、その人に、「先生、地下足袋を履いたことありますか」と聞くと、「ぼくはないよ」といわれてな。「地下足袋を履かんとわしの話はわからんよ」といいましたが、それでも真剣に聞いてくれましたな。

わしらとしては、もっとええ人材が欲しいわけや。学校もアホでも入れる大学がいっぱいできて、落ちこぼれたもんばっかりが、わしらのようなところに来る。職人は東大でも出るくらいの頭のいいもんでなかったらあきませんのや。ドイツみたいに小さいころから専門的に学ぶ学校にすれば、即戦力として間に合う人材が育つ。いまの専門学校でも、もっと小さいときから専門課程に入ったらいいんやけどな。スポーツでもそうですわ。小さいころからの積み重ねが職業としてプロになったりするんやからな。大学を出てからわしらのところにきて仕事してどないするんや。遅いですわ。そやから、大学みたいなんはようけいりませんのや。それも国の税金でつくってな。

この会社をつくったもう一つの理由は、文化財を大事にして文化財をちゃんと残していくには人を育てなあかんと思っておったからです。文化財を大事にしようと思うたら、いつかは修理していかんともちません。そのときに、金だけあるというのではできまへんのや。やっぱり修理できる職人が、そのときどきにおらなんだらあきません。それには人の養成をせなあかんということになるわけや。

そやけど日本はまだまだ学歴社会ですわ。あのころは大学さえ出たら、みな就職できました。青田《あおた》刈《が》りというて、一人前にもなっていない学生を企業が競《きそ》って確保しに行きよったもんです。社会がそういうしくみになっとったわな。大学を出たら楽やし、いい仕事に就《つ》ける。お前はアホやから大工にでもなるかみたいなことをいわれていた時代でした。落ちこぼれでなくても、貧乏で学校へ行かれへんとか、勉強はどうもあかんとか、サラリーマンはできへん、それなら職人にでもなるかというようなもんやった。職人になるというたら、そんなんしかいなかったんです。職人になることの意味がわかっていなかったんですな。

職人の世界でもそうでした。文化財がいかに大事かというのがわかっていなかったんや。千三百年も前の瓦が残っていても、それを見習って葺いてないやつがいくらもおった。みな、金儲けばっかりでな。あのころは、文化庁も安閑《あんかん》としてましたわ。職人みたいなもんはなんぼでもおるんじゃという考え方でした。だから何の手も打っていなかったんです。

そやけど、わしは早くから、誰かがこのことをどうにかしなければいかんと思ってました。放っておけば、どうもならんようになる。人を育てるというのは、本当なら国がやる仕事です。わしがそんなことをいうても、役人は「何いうとんねん、山本はちょっとおかしいんとちがうか」というようなものでした。文化庁にも文部省にも文句をいいに行きましたけどな、いうてもわかってくれへんかったな。わしは危険な状態やと思ってました。人を育てるのに最低十年はかかる。仕事が出てから教えたんでは遅いんや。仕事のないときに教えておかんと、いざ仕事ができたときには、間にあわん。そんなんでは文化財は守れないのですわ。

せっかく千三百年も前の瓦が残っておるのに、それをきちんと葺ける職人がおらんのではしようがないからな。それで、まあ、わしに金はないけど、根性だけは負けんと思うてやっとったんです。人を育てるというても、ただの心意気だけでは務《つと》まらんからな。きちっと仕事を確保し、給料を払い続けなければならんしな。また職人というのは現場で仕事を覚えるもんなんですわ。そやから弟子を育てようと思ったら、仕事をずっと取り続けなならんのです。言い出したからには仕事を取って、若い衆に仕事を教えて、育てなあかんのですわ。

三滝寺のヘソ和尚《おしょう》との出会い

わしが独立してから八年目、昭和四十（一九六五）年、三十三歳のとき、広島市にある三滝寺の多宝塔の仕事を、奈良の「瓦又」から頼まれたんです。それでわしと、いま、うちの工場長をしている鈴木啓之と、甥の勲と、瓦をのせたトラックに乗って行きました。啓之はそのころはまだ「瓦又」で仕事をしてました。三時くらいに到着し、「こんにちは」というてお寺の坊さんに挨拶しましたが、挨拶を返してこんのです。変てこな坊主やなあと思いましたな。それから啓之は瓦を降ろしたら帰ってしもうて、わしと弟子の二人になったんです。実は瓦づくりが半年近く遅うなっとって、建物が建ち上がってから雨ざらしで放ったらかしでした。そやから現場の屋根に上がったら坊さんが怒るはずやでというてました。そやけど、坊さんはいっこうに何もいうてこないんです。

しばらくの間、仕事をやってましたら、親方が「山本、手伝おうか」と、ある日来てくれて、その後、親方も一緒に仕事をすることになりました。休憩時間は坊さんも一緒でした。ある昼の休憩のとき、親方が「私は恩恵こうむるほど親にあんばいしてもらってない。

しかし、親がボケてしまってから面倒見なならん。おかしな因縁や」と愚痴をこぼしたわけです。

その日もわしらは遅うまで仕事して、あたりが見えへんようになってから宿舎へ戻り、坊さんのすすめで、いつものように食事はお寺の家族の人と一緒に食堂で食べ、お風呂も、お寺の家族と一緒のところを使わせてもらって、二階の広い部屋に寝かせてもろうてました。そこは坊さんの講話を聞く部屋でした。

そうしたらその晩、夜中の一時くらいやったかな、寝てたところを坊さんに起こされましてな。「きょうの昼、聞きずてならんことを聞いたから話をしますので起きなさい」というて話をしだしました。

「お前、ヘソあるか。ヘソはなんのためにあるか教えよう。ヘソはこの世に出たときはなにもしとらん。そやけど、人間というものはヘソからヘソに繋《つな》がって、この世に生まれてきた。ヘソのない人間はない。お前の体も先祖とずっとどこまで遡《さかのぼ》っても繋がっている。親を憎むということは、先祖の先祖まで憎むことになるんや。今日までお前があるのは、先祖があってのことやないか」と。

そして、「ヘソを見ろ」というんです。「お腹の真ん中にあるヘソ。ヘソは服で隠れて見えないが、生まれるまで母親の胎内で、栄養を受ける役目を十月十日《とつきとうか》、一生懸命にきちんと果たしていた。感謝されることもなく、見えないところではたらいた。だからこの世に出てからは遊んで暮らしとるんや。そやから、お前たちも見えるところだけ一生懸命するのではなく、人が見ていないところでこそ、一生懸命やらなあかん」と。わしはその話を聞いてから、いろいろなことを考えさせられました。

誰でも人前では一生懸命やります。そやけど、誰もおらなんだらサボったりします。誰も見ていなくても頑張ったことは、いつか自分の技や自信につながってくるものです。それからもいろいろな話をしてくれましたよ。

「徳」というもんはオブラートみたいに見えないものやけど、少しずつ重ねると厚くなって見えてくるんですわ。徳を積むということも、いっぺんに積めるものでも、厚みが見えるわけでもない。徳はたくさん積まなんだら徳にはならない。それが山になってきたら立派な行いになるんやな。誰も見てくれないし、自己満足みたいなことやけど、大事なことですわ。わしは、そういうひとつの徳を積むということも、ここで教えてもらいました。

そのお寺では、多宝塔のほかにも、その後もいくつか仕事をやらしてもらいました。

それから月日が経ち、わしが東大寺大仏殿の仕事をやっているときに、「小さな建物を建てたんで屋根を頼むわ」と電話がかかってきました。わしは大仏殿の仕事が入っていて、二年ほど行かれへんから、それくらいの建物やったら、そっちの業者でやってもろうてくださいというたんですが、「待ってますから」ときかんのですわ。拝観切符売り場で、小さな建物やから、わしやなくてもかまへんと思うてたんです。それが大仏殿が終わるまで、待っててくれたんですわ。木工事はとうに完了してしもうて、後は瓦を葺くだけやったんですが、わしが行くまでの間、ずっと野地にシートを掛けて待っててくれたんです。

わしが行くと、坊さんが、

「なんで待ってたか知ってるか？」

というんや。なんでかと聞いてみたら、

「屋根みたいなことは、どうでもいいんじゃ。お前に会いたかったんや」

と、こうや。涙が出るほどうれしかったな。

この三滝寺のある場所は広島市内です。境内《けいだい》は立ち木がたくさんあった山でしたから、広島に原爆が落ちたときには、そこへ大勢の被爆者が入ってきたそうです。坊さんは無事やったから、そういう人たちの手当てや、毎日何十人と境内で死んでいく人たちの身元をできる限り調べたり、境内で焼いて、御骨《おこつ》を境内に埋め、石みたいなもんで目印をつくって、記録を残してたそうです。毎日毎日、そういうことをしていたらしいですわ。それからある程度月日が経ってから、遺族の人たちが、三滝寺の境内に祀《まつ》ってもらっているという話を聞いて、ものすごう喜ばれたらしい。それでお参りする人が増えたというんです。そういう慈悲のある坊さんで、徳の高い方でした。これがほんまの坊さんかなと思いました。もう亡くなられてしもうたんですけどな。そんな坊さんに慕ってもろうてうれしかったですわ。

大工と対立した皇居の仕事

　昭和四十二（一九六七）年から昭和四十八（一九七三）年までのあいだに皇居の仕事は伏見櫓《ふしみやぐら》から始まり、全部で十五棟ほどさせてもらいました。わしが三十代半ばから後半にかけてのときです。正門の修理をさせてもらったときには、ステテコ一丁に毛糸の腹巻で屋根へあがって仕事をしていると、

「山本さん、ここは日本の玄関である正門です。下でひざまずいて拝まれる方もいらっしゃいますので、どうかズボンを履いていていただけないでしょうか」

と立番していた方にいわれて大恥をかいたこともありましたな。そのころ、大阪あたりでは、まだパンツ一丁で仕事してましたけどな。

　それから東御苑の中にある同心番所をやらしてもらうことになったときの話です。このときは、うちの若い衆を十五人くらい連れて行きましたな。初日に、ゼネコンと打ち合わせをしてたら、うちの若い衆と大工とが言い合いになり、喧嘩しながら現場事務所に入ってきたんですわ。

　うちの若い衆が、屋根を葺く仕事に入る前に、肝心な要点を大工さんに頼んだんや。軒先は、直線の長い建物やったら、正直に直線で葺いたら、目の錯覚で真ん中が膨《ふく》らんで、

両端が下がったように見えるんです。そういうのは、一番格好の悪い屋根ですわ。鳥が羽を広げるように軒先が天に向かってたら、いい姿ですわ。大工さんが屋根の下地をしたうえに、わしらが瓦を葺くんですが、屋根は瓦一枚一枚の集まりで、その一枚ずつが曲線やから、そのまま葺いたら瓦はずり落ちるし、軒先のきれいな線が出ませんのや。そやから、瓦を固定する「瓦座《かわらざ》」というものを軒先に使い、その上に瓦をのせていきますんや。

瓦座は、瓦の曲線にあわせて材木を大工さんに刳《く》ってもらいます。その瓦刳《かわらぐ》りのときに、瓦を葺いたら軒先の線がきれいに見えるよう軒の真ん中にあたる瓦刳りを少し下げて刳っておくんです。それを現場の大工さんに、うちの若い衆が説明し、頼んでおいたんですわ。そやけど、「おれの仕事にケチつけた」というて聞いてくれへんかったんです。わしもいうたけど、なんぼいうても聞き入れてくれませんでした。

こっちは間違ったことをいうてないけど、お寺専門で仕事してるもんと、そうでないもんの考え方が根本的に違いましたな。それで衝突してしもうたんです。ゼネコンも仕事の良し悪しがわからんから、間違ったことをいうて話を通すんですわ。結局わしらのいうてることは聞き入れてもらえず、一方的にこっちが悪いような状況になってしもうたんです。

そうなると両方とも引き下がらへんし、大工が乱暴なことばを使うたから、こっちもカーッとなってしもうて、若い衆が大工を蹴ってしもうたんや。「なぜ止めないか」といわれましたが、うちの若い衆のいうことは正しかったから、内心もっとやれと思うてました。

わしも一緒に殴りたかったですわ。そやけど、こんなことになってしもうたし、これでもう終わりやと思うてたら、所長が「人を入れ替えて出直して来い」とこうや。

ほかにも若い衆はおったけど、正しいことをいうてる職人を差し押さえて、他の若い衆を代わりに連れて行くようなことは、わしにはできませんでした。銭さえもらわんかったらええんやから。喧嘩もしてしまったし、信用が落ちるけどしゃあないわ。法隆寺あたりの大工さんやったら聞き入れてくれるのにと思うと、残念でなりませんでした。まともにええ仕事をしようと思うてもできへんような仕事やったら、やめとったらええ、そう思いました。それで、現場には一日行っただけで、十五人みな連れて帰りました。

そしたら毎日、ゼネコンから電話がかかってくるんや。早う代わりのもん連れて来い、と。こっちは代わりはおまへんのやというて、しばらくほったらかしにしておきましたわ。連れて帰ってしもうたら、こっちのもんです。金さえもらわんかったらええのやから。皇居の仕事は諦《あきら》めました。間違うたことを若い衆にさせとうなかったし、そう教えて育てとうなかったからな。経営からしたらあかんのやけどなあ。皇居の仕事というたら、一流の職人の集まりやと思うてましたから、がっくりしましたよ。

しばらくたって、宮内庁の工務課長さんから電話がかかってきたんですわ。「仕事の技術面で喧嘩をするということは、東京では珍しい。是非一度、その喧嘩した職人を連れてきてください」とね。まあ、なんとうまいことをいうんかなあと思いましたわ。

宮内庁の仕事は、身元調査するのに一ヵ月はかかるから、他の人間を入れるわけにはいかず、さらに雨ざらしのままほったらかしにしておくわけにもいきませんから、むこうも慌《あわ》てたんやと思います。

改めて若い衆を連れて行くと、工務課長さんが出迎えてくれて、そりゃあ尻がこそばゆくなるほど大歓迎してくれました。「もう喧嘩はせんといてください」とちゃんとお灸《きゅう》もすえられましたけどな。

このことがあったから、若い衆が育ちましたな。いまとなっては惚れ惚れするくらいええ仕事をしますな。わしよりも腕のいい日本一の職人や。

この人に、ようけ給料やっても、中身は見てないんとちがうかな。ほんまにええ仕事をしたいという一心で、いまでもやりとおしてますわ。

東大寺鐘楼の十分の一の模型

いろいろな仕事をしてきたけども、どうしても予算と工期に縛《しば》られて、自分の思う通りのものがなかなかできへんのですわ。施主のある仕事やからしようがないんですがな。それと、なんぼうまいこと屋根が葺けとっても、いつの時代にか葺き替えられる。わしらの屋根を葺く技術というものは、修理をされたら、写真が残るくらいで、全部なくなってしまいます。葺き替えというたら野地板からみな剝《は》がしてしまいますから、なんも残らん仕事なんです。それが残念やったし、葺き上げてしもうたら自分のものやなくなるからな。だからというて自分で金を出して施主になって大きな建物をつくることは無理や。けれども、ちっちゃなものなら、自分の思い通りのものができるんやないかと思ったわけや。つまり模型や。模型やったら、雨のかからないところに長い間、職人の証《あかし》を残しておけますしな。

それで、思いついたんが東大寺の鐘楼《しょうろう》の模型や。実物は国宝ですが、昭和四十二(一九六七)年に解体修理があって、屋根はわしが葺かしてもらったんです。入母屋造《いりもやづく》りの本瓦葺きで屋根坪が百坪もありました。あの屋根は、ほかにない特殊な姿をしてまして、あのころの仕事のなかでいちばん葺きごたえがありました。鎌倉時代に建立《こんりゅう》されたものですが、天竺《てんじく》様式と唐《から》様式をうまく調和させた特殊な構造の建築物です。

中に大仏開眼当時の大鐘が納められていますが、屋根の反《そ》りはこれ以上反れないくらい大きく反っていまして、日本の様式では見られないようなものです。四隅《よすみ》が天に羽ばたくような反りで、あの鐘楼ほどええもんはないと、いまでも思ってまっせ。それだけの反りをしていますから、屋根を葺くのは難しいですわ。形のよさ、曲線の見事さ、反りの美しさ、全体の納まりのよさ。まあ、本瓦葺きをやっている者やったら、「一度は葺いてみたいなあ」と、誰でもそういう気持ちになるような惚れ惚れする姿ですわ。

わしはあれを、もう一回葺きたいと思っておったけども無理な話や。しかし模型だったら葺ける。それで十分の一の模型をつくって屋根に瓦をのせようと思ったわけや。アホな話や。自分が金を出して石屋さんにも、大工さんにも、釣鐘も頼んで、わしが瓦をつくって、葺いてやろうと思ったんです。いまは瓦をつくるのと葺くのは分業されてしまっているけど、昔の職人は両方やったんやないかとも思ってましたしな。先人の残した仕事の何分の一でもよいからその精神にも触れてみたかったんです。

大阪の万博が昭和四十五（一九七〇）年やから、その四年前の春に製作を思いたちましたんや。瓦を全部十分の一の大きさで本物と同じにつくって、焼いたんや。専用の釘もつくって直径六分《ぶ》の軒丸瓦《のきまるがわら》、長方形で一辺の長いほうで一寸くらいの軒平瓦《のきひらがわら》には本物通りに紋様を入れました。

軒丸瓦には「東大寺大佛殿」という字がまわりにあって、真ん中に梵字《ぼんじ》。割《わ》り箸《ばし》に刺した針を研いで石膏《せっこう》に彫りました。虫眼鏡で見て彫るんやけども、研いだ針も太く見えて、そりゃあ、大変でした。ちょっとミスしたらパーです。型抜き用の石膏はポロポロ欠けてしまうしな。「殿」という字が一番困りましたな。「佛」は井桁《いげた》になっているところが潰《つぶ》れてしまうしな。「佛」と「殿」には、そりゃあ、参りましたな。子どもが歩きまわったら、ぼろい家やからガタガタとしてできんので静まったところでやるんです。スムーズにいけば、晩の九時ごろから始めて朝の四時くらいまでに、とりあえずは一個彫れますんや。嫁さんがそれを粘土に押し、虫眼鏡で見て、これはいいとか、あれはあかんとかいうてくれますのや。それから仕事して、また晩になると、九時から四時までやるんですわ。二晩続けてやって、一晩休んでとな。そういうのを半年くらい続けてやっていましたな。誰にも眠たいともいわれへんし、文句もいえませんのや。自分で言い出してやり始めたことでしたからな。

そのとき初めて自分との勝負をしました。プロのスポーツ選手が「最後は自分との勝負」というのを聞いたりすることがありますやろ。あんな感じです。わしは自分で、きょうはこういうふうにやろうと目標を立てるんですが、なかなかそれができませんわ。なかなか己に勝てませんのや。平瓦や丸瓦、唐草瓦に巴瓦、みなつくりました。鎌倉時代の瓦には、当時の瓦づくりの跡が残っていましたから、それと同じように、縄目《なわめ》や布目《ぬのめ》も入れました。

あのころは、鈴木工場長はまだわしの工場で働いてないときでしたが、ときどき遊びに来てました。模型の瓦を焼くのに十分の一の窯《かま》、だいたい一尺ぐらいのちっちゃな窯をつくりました。わしは焼くほうは知らへんので、焼き具合を見に来てくれと頼んで、二晩くらい一緒に模型の瓦焼きをやりましたわ。しかし、何度やっても温度が上がらんのです。燃料がプロパンということもあったやろうし、窯も小さいから、ある程度したら煤《すす》がたまって目詰まりしてしもうて燃えへん。結局そのときはうまいこといきませんでしたわ。

それで親しい岐阜の瓦屋で模型の瓦を焼いてもらうことになりました。わしのところでは、いい瓦はこの岐阜の瓦屋から買うてましたからな。それを持ってきてもらった帰りに模型のちっこい瓦を持って帰ってもろうて、ふつうの瓦と一緒に焼いてもらいました。「煎餅みたいに薄い瓦やから、溶けてしまうで」といわれたけど、きれいに焼いてくれましたわ。なかには小指の爪の半分くらいの小さい瓦もありましたから、灰まで全部、とおし（ふるい）に通さんとあかんかったから、えらい難儀したというてましたな。

十分の一やというても、寸法が小さいだけで本物と同じ枚数の瓦がいるわけや。だいたい一万枚くらいでしたな。そやけど、ペケ瓦が多くてな。なかなかうまいことつくれまへんで、必要な瓦の三倍くらい焼いたんとちゃうかな。だいぶやりにくいようなもんをようけ使いましたな。

釣鐘は大谷相模掾鋳造所《おおたにさがみのじょうちゅうぞうしょ》に鋳造してもらい、基礎は稲増という石屋が石で組んでくれました。いまやったらきれいに切る機械があるのやけど、あのころは、鑿《のみ》で叩いて一つ一つ石を割ってくれたんです。柱の礎石もみんな原形のまま模してくれました。

まあ、凝《こ》り性《しょう》というのか、わしは、子どものころからああいう工作が好きでしたんでな。小学四年生のとき、水車をつくって展覧会に出したときには賞をもらいました。あのときも朝までかかってやったわけや。親父は寝られへんと怒りよったな。まあ、わりに手先が、生まれつき器用なほうやったんやな。

模型が完成してしばらくしたら大阪の万博でした。古河パビリオンが実物大の東大寺の七重塔を建てることになっておったんです。

その七重の塔にプラスチックの瓦をのせるから、その瓦をつくる図面をつくってくれだとか、葺いた状態の図面をつくってくれとかいう話がきましたのや。それを手伝わしてもらいました。それが出来上がった後に、何かのご縁で鐘楼の模型をパビリオンの中に入れへんかといわれまして、模型を展示することになったんですわ。おかげでたくさんの人に見てもらうことができました。

万博が終わってからは模型の置き場所に困りましたな。模型は一間四方の大きさで重さが四〇〇キロもありましたから、三間四方の建物を建てんと置かれへんのや。本当は博物館みたいなところに置いてほしかったんですが、スペースがないというて断られましてな。それで、東大寺へお願いにいって、もろうてもらうことになりました。昭和四十五年十月十七日に宝山寺の松本管長さんについて行ってもろうて奉納しました。

宝山寺の管長が行って法要することになったもんやから、東大寺の坊さんもびっくりしてもうてな。それで坊さんみなで、法要をやってくれましたんや。そして模型の鐘を一人ずつコーンと撞《つ》きましたな。

肝心なことですが、模型をつくらしてもらうのには、お寺の許可をもらわないといけません。勝手につくれませんのや。上司海雲《かみつかさかいうん》という上院の主任（当時）に頼みに行ったんです。ちょっとの間、待たされたんですが、テーブルの上の大きなガラスの器のなかに何の花かわからんけど浮いとってな、たぶん、灰皿にいっぱい水溜めて、花をほかしてるんやと思うてましたんや。それで煙草を何本か吸うて待ってましたのや。

ところが、海雲さんは、「まあ、すまんすまん。灰皿も出さんと」と、逆に謝ってましたから、びっくりしましたわ。花活けを灰皿がわりに使うてしもうて、えらい失礼しましたのや。

そんなこともありましたが、許可がおりましてな。模型づくりができたんです。

鐘楼の模型は、建売りの小さな一軒家を建てるくらいの金額がかかりましたな。いまでしたらマンション一部屋くらい買えるんとちがいますかな。労賃を別にして、みなに払わなならん金だけでですよ。それかて、みな奉仕みたいなもんで、材料代だけでやってくれたんです。それでもやっぱり手間がかかりましたわ、あれは。

そやから、あのころはほんまに嫁はんは倹約してましたわ。子どももまだちっこかったしな。それなのに貯金の通帳を出さして「これ使うぞ」というてな、全部使うてしもうたんや。しかしそれだけの金をかけてつくったかて、模型は売る気にはなりまへんでした。たくさんの人の協力と心意気で出来上がったもんや。しかし、どこから話を聞いたんか、買うという手紙が来ましたな。そやけど、絶対売らんと断りました。そんなことで、いまは三月堂に入っているんです。

そやけど、いまからつくろうと思うても、もうつくれませんな。あのときにつくってお いて、ほんまによかったですわ。妬《ねた》みか知りませんが、「暇と金とあるからあんなことや っとる」といわれましたな。わしかて暇と金があったら、あんなしんどいことせんで、も っと楽しいことに金使いますわ。

そういう人もいましたが、「瓦宇」の小林章男さんの叔父さんである喜造《きぞう》さんが、「なん とええもんをつくりましたなあ、おめでとう」と心からいうてくれました。喜造さんは、 ほんまに瓦をつくってた人でしたから、どういうもんかわかってくれたんでしょうな。ほ んまにうれしかったですわ。西岡棟梁も巻紙に筆で書いたお祝いの手紙をくださいました。

（東大寺鐘楼の十分の一の模型の写真は、この本のカバーと本文三七ページを参照のこ と）。

第五章　満足のいく瓦を求めて瓦焼きに

漏《も》れる凍《い》てるは常識やった

その当時は瓦が少々漏《も》れたり凍《い》てたりするのは常識みたいになっとったんです。凍てるというのは、寒いところでは、水分が瓦の中で凍《こお》ったり溶けたりを繰り返して瓦が割れたりすることや。また、雨が葺き土に浸みこんで、霜柱《しもばしら》をつくって瓦を持ち上げたり降ろしたりするのを繰り返すと、屋根がガタガタになって雨漏りをはじめますのや。どこの産地の瓦にもそういうことはあったんです。

けれども「四国の瓦は凍てません」という工業試験場の保証書を持って、わしのところで使ってくれといって来た瓦屋がありましてな。ちょうど第二室戸台風で淡路《あわじ》の瓦屋が被害にあって、買うにも買われへんかったんです。四国は台風の被害がなかったし、そういう触れこみやったから、そのとき、ずいぶん買いました。民家の仕事が続いていて、たくさんの瓦が必要やったんで、うちの番頭さんが三ヵ月ぐらい四国におったことがあるくらいです。

信用して使うてみたが、結局、五、六年たったらみなパーや。凍てて、漏るんや。ちょうど新しい瓦をつくる真空土練機《しんくうどれんき》がつくられた当初で、瓦をつくる側からしたら、大量生産ができるようになって、ものすごう効率がようなったんです。しかし、瓦を焼く窯《かま》が問題でな、昔の窯を使うて焼いとったんや。真空土練機で使う土は、粘り気のない土を圧縮するから、密度が高うなったぶん、火の通りが悪うなって半焼け状態になっておったんや。

そのときは、そこまでこっちも瓦を見る目がなかったということや。それで施主さんに謝って、全部葺き直しせなならんかった。ただで直すという契約は施主さんとは取り交わしていなかったけど、やっぱり責任がありますわ。知らん顔はできん。信用問題ですからな。この仕事は山本がやったっていわれたら、それこそ困る。そんなことでなかなか思うような瓦がありませんでした。屋根屋にしたら、いい瓦が欲しいですわ。葺く技術がいくらあっても、瓦が悪かったらどうにもなりませんやろ。

瓦屋は保証書を持ってきとったけど、結局、保証はまったくしてくれまへんでした。こういうことがあったから、工業試験場の検査は信用できんようになりましたな。そのときあまりにも悪い瓦が多かったから、一度、瓦屋を呼んで、屋根から投げ捨てたこともありました。温度上げてもっと焼けというても、世間ではどんどん瓦が売れるから、誰も相手にしてくれませんのや。

一時、釉薬瓦《ゆうやくがわら》が流行《はや》って、瓦屋がみな釉薬瓦に切り替えたことがありましたんや。釉薬がかかって色もきれいやし、よう売れてました。それに比べ黒い瓦は、焼くほうも汚れるし、儲けも少なかった。

釉薬というのは、素焼《すやき》の陶器や瓦の素地《しらじ》にかけて光沢《こうたく》を出すガラス質の薬で、「うわぐすり」ともいいますわな。釉薬のおかげでガラス質の表面には光沢ができて、水が浸みこまんように見えるし、なにしろ見た目がきれいや。しかし、よう焼いてあるわけではないんです。これは見た目だけですわ。その釉薬瓦では、こういうこともありました。

淡路《あわじ》の井上という瓦屋（井上瓦産業）が、いまもあります。はじめはダルマ窯一本しかなかったが、一生懸命瓦を焼いてました。井上とわしはつきあいが長く自分の得心のゆくこういう瓦を焼いてくれと注文して焼いてもらってたんや。しかし、釉薬瓦が流行になると、井上はわしが注文する黒い瓦は面倒やし、やりとうない、釉薬瓦を焼くというてきよった。そのとき、わしは、

「瓦屋というたら、いぶしの真っ黒けになってやるのがほんまの姿や。釉薬を塗ったようなものは瓦のうちに入らん。そんなことを考えるのやったら、もう明日から絶交じゃ」

というてやったらな、思い直して黒い瓦を続けて焼いてくれよった。いまでもそうです

よ。

釉薬瓦が流行してしばらくしてから、釉薬瓦はみなパーになりました。釉薬瓦はあまり焼けてなく、色がついとるだけやったからな。薄うて、すぐ割れるし、漏るし、凍てるんや。しかし、建築業者のあいだでは、瓦というのは釉薬をかけてあったら水が浸透しないという考えやったし、素人は色や見た目に騙《だま》されて、性質はわからへん。それで流行になったんや。そうなると、人気があるからよい品物をつくろうという考えは、業者にもなくなるんや。とにかく、なんぼでも安うつくって高う売れとったんや。みなそれでしたわ。そんなやから、わしも他のもんがつくる瓦の質の悪さには嫌になっておって、いつか自分の満足のいくような瓦をつくれんかと思っておったんや。どこへ使うても漏れずに、少々寒いところへ行っても凍て割れせんような瓦をな。

なかなかなかった良質の瓦

瓦も時には道楽普請《どうらくぶしん》（贅沢《ぜいたく》な建物）がないと技術は下がる一方です。いまみたいにみなが平等で、みなで安い家をつくっているだけでは文化も技術も残りません。いまは何でも消耗品《しょうもうひん》ですわ。昔は自分のやった仕事が何年たってもピンとして傷《いた》んでおらへんとわかったら、喜びでしたからな。同じ瓦でも葺き方ひとつで、もちが違うんや。葺き方しだいで倍ぐらい屋根の寿命が違います。あまり手をかけんでも丈夫にできるものなんです。それは、やっぱり長くもたそうという研究心と腕との両方ですわ。いい瓦ばっかしやなかったら、適材適所、いい瓦と悪い瓦の使い分けをするんですわ。しかし瓦が悪かったら、わしらがいくら屋根をもたそうと思うて腕をふるうても、そうはもちません。

結局、自分の思うようにしようと思うたら、瓦も自分でつくらなあきまへんのや。屋根を自分の思うように納めようと思うたかて、それに合った瓦がないとできませんのや。よその瓦屋に「こんな瓦がほしい」というても、その通りにはなかなかつくってくれまへんでしたしな。瓦の焼き方ひとつにしても、高い温度で、たとえば一二〇〇度で焼いたのがほしいと思うたかて、向こうは「何ぬかしておるんや」というようなもんでした。しかたなく我慢して少しばかり低い温度で焼き上がったものを使ってました。しかしその結果、瓦が吸水して雨が漏ったらこっちの責任になるんですわ。よその瓦屋は紋様とかそんなことばっかしに力を入れて、肝心のええ瓦を焼き上げるという根本がお留守やった。

わしは金儲けで瓦屋をはじめる考えはなかったんや。言うことを聞いてもらえんのやったらしようがない、自分で焼こうかと。雨を吸い込んで、雨が流れんような、こんな瓦で国宝を葺かなければならんのかと思うときがありましたからな。

それまでにもずいぶん悪い瓦を見てきましたから、これはいかんということもありましたしね。やっぱり瓦屋に文句をいおうと思うたら、自分でもやってみんことにはね。まあ、わしはとことんまでやる性分《しょうぶん》なもんやから、それで自分のとこで焼こうと思ったんです。いざ、やるとなったら、瓦の歴史をたどってみるしかない。うんとよく焼けた、石のような丈夫な瓦が天平時代とか鎌倉時代にありますのや。それから軟らかい瓦もあります。そやから、自分がつくるんなら、どれを基本にしてやったらええか、もう一度昔の瓦から勉強しようと思って、古代瓦の研究に取り組みはじめましたな。そやけど、わしはどこまでも葺く側からの研究です。紋様の変化やとか様式ばっかしいう学者さんとは違います。

そうやってさまざまな瓦を見てきた結果、わしらが「この瓦はええなあ」と思うようなものに到達するまで焼いてみようと思いたったんです。商品やったら思いきったことはできまへんが、瓦が溶けてしまうぐらいまで高温にして、いっぺん焼いてみようと。それで、どのくらいまでやったら安全圏なのかということを自分らで調べてみようということになったんです。あのころは、インフレで一年に二割ぐらいずつは物価が上がっとった。そやから銀行から金を借りといたかて、金利は年に一割ぐらいやったから、借り入れ、借り入れをして瓦をつくりはじめたんですな。

わしが新しく瓦を焼きはじめることに対して、もともとあった瓦屋さんらは何を始めるつもりなんかと思ったやろうけども、わしは人の商売に入り込んで儲けようとはまったく考えていませんでした。焼いても売るんやなくて、うまくいったら自分のところで使うためだけやからね。第一、ちゃんとした瓦ができるかどうかもわからんかったのやから。

それと、もうひとつ瓦をつくろうと思った理由は、雇用対策や。屋根葺きは雨が降ったら仕事になりませんのや。仕事のないときもあるしな。会社としては雇った社員を遊ばせておくわけにはいきませんやろ。それで仕事ができんときには工場で瓦づくりをやらそうという考えもあった。そんなんで、銭もないのに瓦づくりを始めることになったんです。

身近にいた二人の瓦づくりの達人

昭和三十八（一九六三）年に株式会社にして、昭和四十年に現工場長の鈴木啓之を連れて来たんやが、そのときはまだ、瓦工場をつくるつもりはなかったんや。もう一人、先から来ていた山本正治といううちの番頭さんが、元は瓦屋の経営者やった。

この人は、わしの親父の師匠の息子で、井上新太郎さんに弟子入りすることを頼んでくれた方です。わしが会ったときには、弟に瓦屋を譲って、畳の裏菰《うらこも》をつくっておったんですわ。畳をつくるときに使う荒い菰やな。稲藁《いねわら》でつくるもんですわ。

ところが第二室戸台風で稲がみな倒れてしもうた。暴風と高潮による被害がぎょうさん出た台風やった。室戸岬で最大瞬間風速が八五メートルという大暴風が吹きよったし、死者も二百人近く出たんやなかったかな。その台風のせいで稲がやられて、裏菰をつくる材料がのうなって仕事ができへんようになってしもうた。たまたま、わしの仕事が忙しくてどうもならんときやったから、それからうちに来てもろうたんです。

もともと瓦づくりの親方をしていた人やから、瓦の見積りをしたり、現場の集金にまわったり、いろいろしてくれたんです。会社をつくったのもこの人がおったからですわ。わしは難しいことや金のことは、みなこの番頭さんに任せてやってもらっていたんです。ところが、彼はもともとが瓦屋やから、何かつくりたいわけですわ。

そうしているところに、鈴木啓之が入って来たんや。鈴木は「瓦又」という瓦屋におったんですが、もめごとがあって、瓦屋を辞めてどこかへ行くというておったんです。それでわしが、

「そんなアホなことがあるか。瓦づくりをお前が発明してやってきたんなら辞めてもええ。せやけどお前がもっている技術は、みな先祖さんとか親父さんとかに習うて覚えたんやから、ほかの者に教えてこそお前の役目が果たせるんや。瓦づくりを辞めてよそへ行くというのは国賊《こくぞく》じゃ。しばらくうちに来て考えろ」

というてやったんや。

そんなことで、二人も瓦屋の人間がおるもんやから、倉庫に粘土を持ってきては、うちで葺く民家の屋根にのせる鬼瓦《おにがわら》をつくったりしておりましたんや。

「よその瓦屋の鬼瓦は気に入らないし、格好も悪いさかい、自分らでつくってやるわ」

というてな。ところが、粘土で形まではできるんやが、窯《かま》がなかったから、焼くのはよ

その瓦屋へ持って行ってたんです。

もうひとつは、ええ瓦をつくることにみな熱中しておったんです。屋根屋が熱中というのも、おかしなもんや。わしもそうやが、みな若かったんやな。番頭さんも鈴木も弟子たちも、屋根を葺く技術のほかに、瓦の吸湿《きゅうしつ》だとか凍《い》ての対策だとか、そういうこともみないつの間にか研究するようになっていましたのや。それで、もし自分らで焼くんなら、こういう瓦を焼こうと、もうみなが集まれば喧《やかま》しいぐらいしゃべっておったね。古代瓦のことを研究し、こうしたらどうかとか、ああだとかということをな。

そして番頭さんも鈴木もいまの事務所で窯をつくると言い出したのや。ここは近鉄の生駒駅のすぐそばや。こんな街なかで窯をつくって煙を上げたら、まわりじゅうから苦情が来て、わしは出ていかなならんようになりますわ。それで、いま工場のある平群《へぐり》町椣原《しではら》が、うちの親父の故郷ですのや。金勝寺《きんしょうじ》というお寺の隣りで、地元の人が山本さんの息子やといって地主の人も近所の人もみな協力してくれましたんや。そういう人たちと親父のご縁のおかげで土地を分けてもろうて、そこに窯をつくって焼くことになったんです。

助けてくれた岐阜や淡路の仲間たち

安普請やけども工場をつくって、そこに番頭さんと鈴木とが行き、さらに番頭さんが瓦屋をしていたときの職人を呼び寄せた。わしもしばらく工場におった。そやから、はじめは七、八人で瓦をつくりはじめたんです。

それで新しい重油の窯や真空土《しんくうど》練機《れんき》だとか、焼くための道具を丸ごと一式購入せならんから、だいぶ借金しましたよ。番頭さんが銀行で借り入れてくれましてな。近代化設備資金という無利息の国の金で、手続きにだいぶ時間がかかりましたが、それでなんとかやりましたな。

当時の窯は重油窯で、シャトルケルンといいました。工場を始めても、勝手がわからんやろというて、いろんな人が助けに来てくれました。岐阜の仲間は天理教の仕事以来、気が合って兄弟みたいにしてまして、その人たちはみな瓦屋ばっかりやったから、すぐに手伝いに来てくれました。淡路の井上も手伝いに来てくれました。最初の一と月ぐらいは交代で一週間に三日ぐらいずつ、みんなが泊まりがけで来てたんとちがうかな。

なにしろ初めてのことやから、土の仕入れから何も知らんのや。ちまちまやってたときには、瓦屋から土をあんばいしてもらっていただけやからな。それで、岐阜の連中に助けてもらって岐阜の土を運んできたりして、あっちの土、こっちの土と、地元の土の配合を試したんです。岐阜の土は地元の土と一番組み合わせがよかったんや。

それで実際にやってみて、使えるようになったのはずっと後でした。まあ、わしらの思うてる瓦を焼こうと思うたら、温度を上げ、時間をかけて焼くということやから、やっぱり歪《ゆが》んでしもうたりしてな。あんまり歪んでしもうたら商品にならんからな。

瓦をなんぼきれいに成型しておいたかて、乾燥の段階でも歪んでくるし、窯に入れるとき、瓦の上につぎつぎに瓦を直《じか》に積み上げていったら下の瓦に荷重《かじゅう》がかかって歪《ゆが》んでしまうわけや。それで、窯を棚式《たなしき》にして荷重がかからんように考えたりしましてな。それが、いま製造しているコンテナ窯というて、生の瓦が直接重ならないようにする窯のもとや。窯屋がしょっちゅう来てましたから、それで一緒に、ああやない、こうやないというて、開発したんや。瓦の窯というのは、出来合いのものを買うのではなくて、設計してつくってもらうのやから、窯屋はつきっきりですわ。

実際に焼く試験は鈴木と番頭さんに任せて、わしはこういうものを焼けという注文を出すだけでしたな。ええもんができるまで、わしも工場で夜通しやりましたで。やはり軌道に乗るまでに一、二年かかったですな。それまでは失敗ばっかりでした。

昭和四十八(一九七三)年の法輪寺《ほうりんじ》三重塔の一部、四十九年の薬師寺《やくしじ》金堂《こんどう》、同年の法起寺《ほっきじ》三重塔のときの鬼瓦とか鳥衾《とりぶすま》やとかはうちで初めてつくったものでした。

平瓦・南都瓦の誕生

本瓦葺きの特徴として、小さい建物の場合には屋根の寿命が短いという欠点がありますんや。雨漏りなどで漏っていなくても、早く野地板《のじいた》が傷むんです。雨漏りしても、屋根の底（野地板）が抜けるというようなことは十年から十五年後になります。その間に少しずつ傷むんです。

そういう建物を何度か経験して、なんとか工夫し、災いするものを取り払うことができるような瓦葺きがやりたかったんです。災いする原因は、土を瓦と瓦の間に置くことなんですわ。それで、長持ちさせるために、よけいな土を置かないですむ瓦をつくってみようと思い、研究して南都瓦《なんとがわら》を考案したんです（三六ページ参照）。

お寺が建っているようなところは、山の中などが多い。山間部や湿度の高いところや木の下によく建物が建ってますやろ。そういうところをふつうの瓦で葺くと野地板の傷みが早いんです。それを解消するために考案したのが南都瓦です。そういうところの建物は、「なんでこんなふうに早う屋根が傷むんか」とつねづね思っていたので、研究してみましたら、葺き上がった時点からもう雨が浸《し》みこんでいますんや。木部まで漏っていないんやけど、雨が浸透しているんです。

南都瓦をつくって、初めて使ったのは、昭和四十三（一九六八）年、奈良県・松尾寺の北門です。わしが行くまでに三回葺き替えしたそうです。どんな屋根屋さんが屋根を葺いても、十五年ほどしたら野地板が傷んで、また葺き替えしてもらわなならんかった。わしが四回目の葺き替えでした。そのときに、「十五年で漏ったら、わしがまた来てただで葺き替えますわ」といって、平瓦を南都瓦に変えて葺き替えさせてもらいました。

松尾寺の仕事をさせてもらったときは、自分の会社に瓦を焼く工場がありませんでしたから、淡路の井上に協力してもろうてつくりました。それで実験的に使ってみることにしたんです。

住職は瓦屋から、「こんどは漏らない、大丈夫や」といわれ続けて、結局、葺き替えせなならんかった経験がありますやろ。そやからわしも同じようにまた騙《だま》すと思ってたらしいですわ。そやけど、いまだに、ちゃんともってますよ。

南都瓦はつくるもんからしたら損な製品です。屋根葺きの経験から考察しましたし、ふつうの平瓦をつくるよりも、ようけ手間がかかりますのや。そやから金儲けのためやったら、こんな瓦はつくらんでしょうな。前にも述べましたが、瓦屋、屋根屋の仕事というもんは、長持ちしたら仕事がなくなる因果な商売ですしな。この瓦で仕事をしたら、下手な屋根屋でもいい屋根が葺けます。本瓦葺きは下手な職人でしたら必ず漏るようになりますけどな。

南都瓦は瓦と瓦の間の通気性をよくし、左右対称の形なので水の流れるところがふつうの平瓦よりも多めにできます。丸瓦を伏せて葺きあがると、南都瓦だとはわかりません。見た目は同じに見えますが、見えないところに工夫してあるのが南都瓦です。

焼きさえしっかりしてあれば、そんなに手入れはいらないと思います。ずり落ちない工夫もしてあります。わしの会社では、新築工事には百パーセント南都瓦を使っています。しかし、文化財でも、雨漏りの激しいところには、要所だけに使っているところもあります。そやけど、わしらが使ったほうがいいと思っても、施主さんや監督さんによって、使うか使わないかの判断をされますからな。

しかし、こんなもん、考えるのはアホですわ。つくるのに、ふつうの瓦よりも暇がいるし、運搬もかさばるから、少ない枚数しか運べんしな。そやけど、わしら職人というのは、自分がやった屋根はいつまでも残ってほしいと思うもんです。早う傷むと、心苦しい。早う傷んだら、早う仕事がまわってくるからええやないかと思われるでしょうが、自分のやった仕事がちょっとでも傷んでいるところを見ると、嫌になるもんです。わしが十代のときにやった仕事というのは、瓦が水をよう吸うたりして、あまりよくなかった。そういうのが相当あったから、そんなんを見ると、「瓦さえよかったらな」と、いまでも思います。長持ちする瓦がなかったら、自分の手技だけではうまくいきませんからな。

北門の工事をきっかけに、松尾寺からはそれからつぎつぎと工事の依頼がありました。本堂は、わしが門の修理に行ったときにすでに雨漏りしてたんですが、それから三、四年ほどしてえらいことになってしまったんです。

それで北面だけ南都瓦で葺いてほしいといわれました。このときの奈良県の文化財担当者は岡田英雄さんと林清三郎さんでした。

本堂は、昭和二十九年にこの方たちが若かったころに大修理したものでした。しかし、早く傷みましたな。それで試験葺きみたいにしてやっておいてほしいということでした。解体してみましたら、野地板が腐っていました。それで、いちばん具合の悪いところだけを南都瓦でやって、様子を見ることになったんです。それが昭和四十六、七年の仕事やったですな。

月日がたって南都瓦で葺いたところを確認しましたけれども、どないもなっていませんでした。そんなんで、お寺さんからは南都瓦で本堂を全部葺いてくれるようにいわれたんですが、そうはいきまへんでした。昭和五十四年に本格的な修理が行われたんですが、そこには鎌倉時代の瓦がのっていましたから、従来通りにということになったんです。文化財的な要素が高いということだったんですな。試験葺きしたときに担当者が変わってしまったこともありました。岡田さんたちがおってくれたら南都瓦で葺けたかもしれんのですが、残念でしたな。

南都瓦は最近になって特許を取ったんですが、淡路の井上のところと、岐阜の美濃瓦には、南都瓦をつくることを許可してますわ。懇意にしてきたし、世のためによかろうと思って特許料のことは何もいいませんでした。しかし、いまになって、世代交代する前に昭和の時代に培《つちか》ってきたものを次代に残していかなならんというのと、これまでの感謝の気持ちをあらわしたいというて、特許料を払いたいと二社で申し出てきてくれました。ありがたいことですわ。

最難関、東京・高勝寺の屋根と南都瓦

長谷寺《はせでら》の仕事をやっとるときに、東京・稲城《いなぎ》の高勝寺の住職が長谷寺におつとめに来られていたんです。ある日、わしのところへ来て、長谷寺の屋根はひとつも悪くなってないのに、高勝寺の本堂は十五年ほど前に建て替えたが、屋根に草は生えてくるし、雨は漏るし、瓦も落ちてくる。どうしてなのか、一度見てほしいといわれたんです。

行って見ると、軒は垂れ下がって、瓦は凍て割れしていて、ずれていますし、草は生えているし、もう手のつけようもないほどでした。

実は高勝寺の屋根は、瓦葺きにしても銅板葺きにしても、雨を漏らさんようにするには高度な技術を要する建物なんです。それなのに、瓦をのせる構造計算もできていないし、瓦も既製品を使っているうえ、葺き方も悪い。高勝寺の屋根姿に合わせて葺こうと思うたら、既製品の瓦だと、融通が利かず無理だったんです。そうした理由を新築された役員、建設委員の方々が二十数名いるまえで話さなならんかったんですわ。

そやけど建て替えの際に、みんな浄財として瓦を寄進してますしな。そんなことはいわれへん。わしもたいがいズバッといいたかったですが、みなさんの顔を見たらいわれしま

せん。どういう具合に説明しようか悩みましたな。

それで、関東では関東大震災以降、鉄板や銅板葺きなどの建物が多くなったので、設計士さんもそういう考え方で設計されたんではないかというしかありませんでした。設計は向こうの方やったからね。「それじゃあ、どうしたらいいのか」と聞かれましたが、「大工さんに見てもらわなしゃあないですな」といい、それで奈良の「滝川寺社建築」に瓦をのせても耐えられるように、構造から変えてもらうことになりました。

こうなってくると、住職は、再度寄進者にお願いするのは大変申し訳ないからと恐縮されていました。それで自ら長谷寺と同じように、牡丹の花を境内に増やして拝観料をもらったり、苗木を売ったりして十年計画で屋根替えをしようと考えたようです。

ところがある日、わしの会社に帯封のかかってない百万円というお金を持って来られましてな。「これでなんとか寄進用の瓦を持ってきてくれませんか」と頼まれる。話を聞いてみると、自分の好きだった酒と煙草をやめて貯めたお金を持って来られたというんです。わしは、その住職の思いに感動しました。修理をしたいという信念と、信者さんに申し訳ないという真剣さに胸を打たれました。

「そんなことせんでも、ちゃんと瓦を持って行きます」

そういいましたな。それから瓦に寄進してもらうときのアドバイスをちょっとしたんです。そうやって信者さんにお寺へ寄進してもらったんです。

寄進者がでるたびに、その方々を東京からわしの工場まで住職が連れてきて、鬼瓦などに篦書《へらが》きをしてもらっていましたな。その結果、当初は十年計画でしたが、五年で寄進を完了させ、平成四（一九九二）年に建物は完成しました。この屋根はわしのところでやった仕事の中で、いちばん難しい屋根で、最高の屋根仕事でしたわ。

あの仕事をしたうちの若い衆も、東京近辺の仕事があったら、少しくらい遠い場所でやっていても、高勝寺へ足を運んで見にいっとるようですわ。みんな、自分のやった仕事は、自分の子どもみたいなもんに思っとるんですわ。それで屋根を見て、なんともなかったら、ホッとしますしな。

わしもつい先日、東京へ足を運ぶ機会があり、寄ってみましたら、住職が涙を浮かべて喜んでくれてましした。時が経っても喜んでもらえることは何ものにもかえがたいものですな。わしのところの若い衆も、ええ仕事をすることができ、そして、あんばい育ってくれて幸せです。

第六章　東大寺大仏殿の昭和の大修理

大仏殿の調査と解体工事

　東大寺大仏殿の昭和の大修理では、屋根のほうの棟梁としてかかわらせてもらいました。大仏殿は木造で世界一大きな建物ですから屋根も大きいでっせ。大仏殿に初めて登ったときは、そのあまりの大きさに圧倒されました。高いところは驚きませんが、広さが野球場のようでしたわ。そやから、目測では全然あたりません。ふつうの感覚で仕事をしようとしても、通用しませんわ。ちょうど正面玄関の上に唐破風《からはふ》とよばれる中央部を凸形に、両端部を凹形にした銅板葺きの屋根がありますが、あの広さはどれくらいかと聞くと、みな三十坪だとか四十坪だとかいうんです。しかし、実際はそこだけで約百坪あるんですわ。畳二百枚分でっせ。

大仏殿は約千二百年前に建立《こんりゅう》されましたが、平安末期に起きた源平合戦の余波で焼失し、その後、鎌倉時代に再建され、これも戦国時代に兵火で焼かれてしまいました。さらに百年あまりの歳月を経て、江戸時代に三分の二ほどの規模に縮小されて再々建されました。縮小されたとはいえ、それでも高さ四七・五メートル、広さ二九〇〇平方メートルもある世界最大の木造建築ですわ。

縮小された背景には、鎌倉時代と同等の柱（直径一・五メートル、長さ三〇メートル）を探したんやけど、そんな大木はどこにもなかったんです。しかたなしに心木《しんぎ》を中心に十数本の木材をまわりに抱き合わせ、鉄輪で縛って一本の柱にして建築したんです。

しかし、それではこの巨大建築をもたすことができなかったんです。百数十年が過ぎたころには構造的欠点から、さまざまなところに歪《ゆが》みが生じてしまいました。そして明治維新という文明開化が訪れ、経済的にも宗教的にも難しいことがたくさんあったために大仏殿の修理ができず、さらに著しく歪み、大屋根は傾き、軒は垂れ下がり、雨漏りだらけで崩壊寸前の危険な状態になったんです。大修理をすぐに始めなければならなかったんやが、その後も日清・日露の戦争があって、それもできませんでした。

修理が必要だといわれてから五十年近く後の明治三十六（一九〇三）年にやっと工事を始めることができ、十年かかって解体修理がされたんです。

明治の修理前にすでに半数以上の柱が途中で折れてしまっていましたから、修理の際、主柱のなかにはイギリス製の鉄骨を入れて補強したり、屋根の荷重《かじゅう》を減らすために平瓦の間隔を広げて葺いたり、当時の新建材だったコンクリートを使用して修理をしたんです。しかしですな、その後もまた雨漏りが激しくなり、昭和四十四（一九六九）年から再修理のための調査が始まったんです。

わしも昭和四十七年から県の調査に参加させてもらいました。屋根の上に上がってみると、一見して、これはいかんな！　と思いました。瓦をはがしてみると、白蟻《しろあり》がいっぱい巣をつくっていたり、野地板が蒸れ腐ってぽっかり穴があいていたり、人が乗ったら落ちそうなところがいっぱいありましたわ。指で触っただけで、ポロポロと粉になるような木部もぎょうさんありました。

傷《いた》んだ原因は、やはり明治修理のときに平瓦の間隔を広げて、総枚数を減らして葺いたことでした。相当無理な葺き上げになっていましたな。間隔を少し広げたって、あれだけの数やから、ずいぶん軽くなりまっせ。平瓦と平瓦の合わさる上には丸瓦がのりますから大丈夫やと計算したんでしょうな。それと悪かったのはコンクリートを使ったことでした。

調査の結果、昭和の修理では瓦を江戸時代の間隔に戻して葺くことにしたんやが、そうすると一〇パーセントぐらい平瓦も丸瓦も枚数が増えるので、明治の修理よりも屋根の重量が重くなりますんや。

前よりも一〇パーセント軽い瓦をつくったとしても、修理前と同じ重量ですわ。同じ重量のままいけば、明治と同じように建物全体が悪くなってしまうことになり、さらに建物自身が老朽化しているわけやから、江戸のときよりも、いや明治のときよりも軽量化してやらんといかんのです。

しかし、瓦全部を新しいもので葺き替えるわけやなく、使えるもんは使うんです。古いものと新しいものを混ぜて葺きながら、それでいて全体として軽く、より頑丈なものにせなならんのです。古いものを残しながら、足りないところを新しいもので補うという、新旧の融合は文化財修復における難所ですわ。

解体工事が始まりました。まず古い瓦をめくり、屋根の上から全部降ろします。瓦をめくると鳥の巣があったりしましたな。棟はコンクリートと鉄骨でがっちりと固められていました。鑿《のみ》や鏨《たがね》ではまったく通用しないので、大型の削岩機《さくがんき》で瓦積みとともにコンクリートを崩しました。

丸瓦は太い頑丈な釘《くぎ》で打たれていましたから、釘にワイヤーロープを巻きつけ、チェーンブロックで引き抜いてね。丸瓦は土葺きで、平瓦は空葺きでしたから、めくっていくのは楽《らく》でした。そうはいっても一枚の重さは一六キロ近くありますからな。重いですよ。江戸時代の元禄年間と明治年間の瓦がほぼ半分ずつありましたな。

建物をすっぽり覆う素屋根《すやね》も鉄骨でつくられた立派なものやったですな。なにしろサッ

東大寺大仏殿の屋根の葺き替え

①平瓦の割付けが大きく、丸瓦の下に丸太がおかれている。

②瓦をすべて撤去した後の野地板の傷み具合。

③平瓦を葺きはじめる。

④平瓦を葺きおえる。平瓦と平瓦の間に丸瓦の下におく土を支えるビニールパイプが見える。

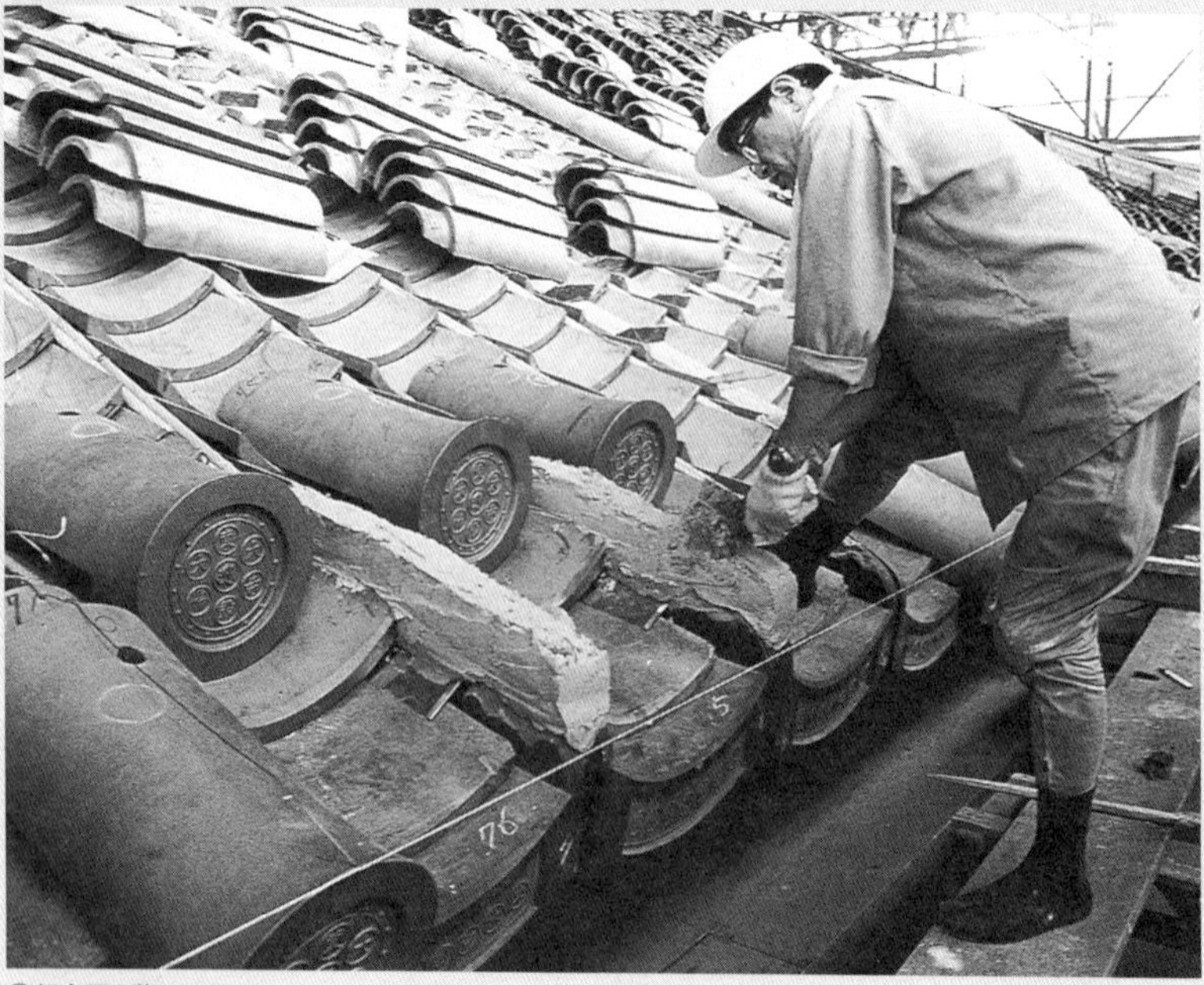

⑤軒丸瓦を葺きはじめる。

⑥上層の北東隅に一の鬼を据えつける。

⑦一の鬼（鈴木啓之復元）の据えつけ完了。

⑧大棟の断面（下の写真の断面）の原寸図を引く山本清一。

⑨大棟で落慶法要の準備をする瓦職人の面々。

⑩素屋根をかぶった修理前の大仏殿の大棟部分の棟積みと鴟尾。

⑪昭和の瓦職人の叡知の結晶、修復なった新たな棟積みと鴟尾。

カー場より広くて、十八階建てのビルくらいの大きさやというてましたから、大変な話です。組み立て中に建物などを傷つけんように、大仏殿の横で素屋根を組み立て、それをスライドさせて大仏殿を覆《おお》ったんです。瓦を揚げたり降ろしたりするコンベアもリフト、エレベーターもみな揃っていました。素屋根を設計された京都大学の構造専門の金田先生は、設計のときから瓦の搬送機械やいろいろなことをわしらに聞いて、使いやすく、安全に考えてつくってくれたんです。

素屋根代に十四億五千万円ほどかかったそうですが、それをもっと瓦のほうにまわしてくれたらとも思いましたけどもな。ちょっと贅沢《ぜいたく》な素屋根でしたが、作業効率はものすごうよかったです。

余分な話ですが、明治の修理では素屋根はみな丸太で組み上げてやったわけです。一万三千七百本もの丸太を使ったそうです。写真で見ましたが、すごいもんでしたな。ああいう丸太を組んでいく技術も残さなあきませんのやけどな。

まあ、そうやって降ろした瓦を、つぎは使えるものと使えんものに選別していくんです。その作業が昭和五十一年から始まりました。江戸時代の再々建されたときの瓦もあれば、明治の瓦もある。元禄と明治の瓦とも、凍害《とうがい》や裂傷《れっしょう》を受けたものが多かったですな。そういう使えんものもあるから、結局、全体の六割近い六万六千枚の瓦を補足瓦として、新しくつくって葺くことになったんです。

一割軽くした六万六千枚の補足瓦

元禄の平瓦は幅四七センチ、長さ五五センチ、厚み三・五センチ、重さが一枚一六キロほどありますのや。一般的なものと比べてみると、大きさは四倍、重さで五倍ですわ。しかし、新しくする瓦は大きさや厚さは同じでないと混ぜて葺けません。それでいて、軽くて丈夫にせなならんのです。それが難しいんですわ。

いま、これと同じ大きさのものをつくると、重さが一八キロくらいになってしまうんです。何でかというたら、昔は瓦をつくるために土を捏《こ》ねるときは、足で踏みつけて捏ね、それを積み上げて「タタラ」というものをつくり（一九三ページ参照）、そこから粘土を切り出して、型板の上で成型し、干して、焼いておったんです。明治の瓦も同じようにつくられています。昭和になっても、戦前まではこうした方法で瓦をつくっているところがまだありました。しかしいまは、土を練るのに真空土練機を使って、成型するときに強力なプレスをかけて圧縮しますから、密度が高くなるんです。さらに水分がうんと少ない土を使わんとあきまへん。そやから同じ大きさやったら重くなるわけです。土の質も、昔のやり方は粘り気のあるものでないと形になりません。逆に現代は圧縮せなあきませんから、粘着力の少ない土でないとあきませんのや。

昭和の修理では、江戸時代の葺き方に戻して瓦同士の間隔を狭くすることになったので、それだけで総枚数が一〇パーセント増えるんです。そやから新しくつくる補足瓦は、元禄と同じ大きさで、重さだけ一〇パーセント軽くしようということになりました。どうやって一〇パーセント軽くするか、他の業者が試作瓦の製作をやっておったんです。

試作瓦を県が奈良の瓦屋に発注して何通りかできてきたんですが、お寺（東大寺）が「これではだめや」というて納得しなかったんです。そこでわしが呼ばれました。

「もう試作瓦用の予算はみな使うてしもうとるけども、山本さん、なんとかしてほしい。いままで県がなんぼ金をかけてつくって、これを使えというてきても、これでは寺としては使えませんのや。何とかいい方法を考えてください」

というんです。

当初、国宝の大仏殿の修復に当たって、国は八三パーセントの国庫負担を持つことになっていたんですが、残りはお寺が工面《くめん》せなならんのです。昭和四十八年当時の総工費の見積りは十八億円でした。しかし、物価上昇やその後のオイルショックやらで、まったく計算が狂ってしまって、途中で現場を休んだりしながらの作業になったんですが、結局は五十億円を超えたんやなかったですか。まあ、総額は増えたが国庫の負担は八三パーセントのままですわ。

お寺にしたら、なんとかしてお金をつくらないかんから、勧進《かんじん》して寄進者を集めなならんのです。そしてそのお礼に、寄進者の名前を平瓦の裏に書けるようにしたかったんですな。

そういうことは後でわかったけれども、それまでにつくった試作瓦は、軽くするために裏が籠目《かごめ》とか碁盤目《ごばんめ》にしてあったんや。強度を上げて軽くするためですが、それでは裏に寄進者の名前を書くことができないから、お寺としたら使えませんということやったのや。それで役所とお寺との関係はいったん切れてしまい、東大寺は委員会をつくって、お寺が主導権を握って修復するということになったんです。それで、わしが頼まれてつくることになったというわけです。結局、試作瓦づくりに二年ぐらいかかっていたんとちがうかな。試作瓦は同じ大きさで、軽くしなければならんし、裏に名前が書けるようにしなければならん。そのうえこれが大事なんやが、大量生産できなければ困るわけや。明治時代までは一枚一枚の手づくりやったが、そんなことは、いまではもうできんのやからな。

そういうこともあって、新しい試作瓦は工夫しましたよ。瓦を見たらようわかるやろうけど、古い瓦と一緒に使わなならんから、頭も尻も瓦の厚さは前の時代のものと同じにせなならん。そやから真ん中の肉をとって薄くし、重量を軽くしようと思ったんや。そうしたら、軽くなるだけやなく、風通しがよくなって野地《のじ》の蒸れ腐れを防げるという利点もある。しかし、大きな平瓦の真ん中を薄くしたんでは弱くなります。これは誰にでもわかります。煎餅《せんべい》かて真ん中が薄かったら割れますわ。真ん中が一番弱いんやから。それで真ん中におぼろに厚みをつけて補強したわけです。これやったら寄進者の名前も書けるし、丈夫さも保てる。まあ、人間でいうたら、贅肉《ぜいにく》をとる健康法です。

しかし大仏殿は国宝の建物ですから、なかなか簡単には形を変えられまへんのや。平瓦はこういういきさつで変更することに決まったのですが、他の瓦にも具合の悪いものがありました。実際に仕事をするわしらと、会議に出る人と考えが違いますからな。肝心なことが決められませんのや。それで、確実にこのままでやったら雨が漏る、そうわかってて仕事をやることはできまへんから、わしは「この仕事、辞めさせてもらいます」というたことがありましたな。そんなこともあって丸瓦や熨斗瓦《のしがわら》を形状変更させてもらいました。まあ、大仏殿はいたるところで大手術をしました。

鬼瓦《おにがわら》の復元「一窯、二土、三仕事」

大仏殿の屋根は上層と下層がありますが、そこに全部で十六個の鬼瓦《おにがわら》がのっておったんです。大棟《おおむね》の端は鴟尾《しび》ですが、降《くだ》り棟《むね》の先や、隅《すみ》にくる鬼、二の鬼やらそれぞれの棟の高さに合わせて大きさも決まっているんです。鬼瓦も割れたり欠けたり、だいぶ傷んでいました。そのうち七個を新しくして、後は補修したんです。新しくしたうち一番大きな上層の東北につく鬼瓦はうちの工場長の鈴木が復元したんです（一六五ページ参照）。

この鬼瓦には箆書《へらが》きがありましてな。つくった人の名前が入れてあったんです。それが鈴木の祖父《じい》さんの「鈴木又市」さんでした。

復元やから、鬼瓦をつくるといっても、創意とか工夫とか、自分らしさとか、格好よさとか、個性とか、そんなもの入れたらあきまへんのや。降ろして壊れた祖父さんの鬼瓦を見本に、できるだけそっくりに復元せなならんのです。

出来上がりが四六五キロ、大人の身長以上にもなる大きな鬼瓦ですわ。瓦は焼き上げると生粘土のときから一三パーセント縮むので、まず原形よりも縮む分だけを大きくした生の図面を書きます。それから粘土を捏《こ》ねて盛ったり、削ったりして、そっくりに仕上げるんです。しかし、これも言うのは簡単やが、なかなか難しいんですわ。人によって見る角度が違えば、表情の読みとりも違いますからな。文化財関係の人が見に来て、鼻の穴がもう少し上向きやないかとか、目の上の盛り上がりが多いんやないかとか、いうわけです。粘土のときの大きさが、焼き上がると一割三分縮む。それに「焼き狂い」といいますが、焼くときに微妙に割れが出たり歪《ゆが》みが出たりするのも見越して復元せなあきませんしな。後で鴟尾《しび》づくりの難しさを話しますが、鬼瓦も難しいんです。それも復元となるとなおさらです。

形が出来上がったら、大きさにもよりますが、そのまま焼くのは大変やから、二つか三つに切ります。鈴木が復元した一番大きな鬼瓦は、真ん中から上下に分け、さらに上部を真ん中から縦に二つに切り分けました。乾いてない粘土ですから針金で簡単に切れますよ。割れが入らんように気をつけながら、三ヵ月間、乾燥させてやっと窯入《かまい》れです。棒へ三つに割った鬼瓦を紐《ひも》でぶら下げて、一つずつ四人で運び入れました。重たいですよ。この鬼瓦のときはブタンガスの窯で焼きました。

自動調節のできる窯でしたが、窯の中では火の当たり加減や熱のまわる様子が違いますから、どこにどんなふうに置くか、ええ効果を出すために、まわりに他の瓦をどう置くか、みな真剣でっせ。こういうものをつくるときは、ふつう何個か予備をつくって焼き加減を調節して、だめやったら次といいますが、わしは大事なことは、みな一発勝負です。よけいにつくったりすると、安心する。そやから失敗することが多いんや。だから細心の注意、集中力、準備万端でやれば、失敗はありませんわ。窯を焚くのもそうです。何度も考え抜いて一発勝負でやりました。

あのときは一時間に二五度ずつ温度を上げていくようにして丸五日間、焚きました。鈴木は寝ずの番でしたな。最高で一二〇〇度まで上げて、しっかり焼きましたで。こういう瓦は、「一窯、二土、三仕事」っていうんです。ええ土がなければならん。上手に焼けなければ元も子もない。鬼や形をつくる仕事より、こういうことが大事なんです。

その後、窯の中が三〇〇度まで下がるのを待って開けましたが、見事に焼き上がっていました。それを大仏殿に運ぶときには、トラックでみなさんに見てもらえるようにして移動かさせましたが、気持ちのええもんでしたな。鈴木も祖父さんの仕事と同じことをやったんやから、「瓦師冥利《かわらしみょうり》に尽きる」というてました。

明治の修理の問題点

解体から参加させてもらえたのは、明治の職人の技をじかに見ることができるええ機会でした。そして修復工事に参加するというのは、何十年、何百年後におこなわれる修復のときには、わしらの仕事を見られるということです。そやから誰に見られても恥ずかしくない仕事をせなあかんし、一日でも長持ちするものをつくらなならんと思うのです。一般的に明治の修理は悪いといわれておったんやが、鉄骨補強や、木部の骨組などはがっちりしていて、まったく傷んでいませんでした。しかし、屋根工事にコンクリートを使ってましたから、解体するときに文化財の瓦も壊《こわ》してしまわなならんかったことは残念でしたな。当時は、それなりに完璧にやろうと思うとったんでしょうな。適材適所に西洋文明を取り入れることは成功でしたな。そうでなかったら、あんな大きな建物、とっくに潰れとりますわ。そういうところを見てますと、少しでも長くもたせ、後世へ伝えようという気持ちは、明治の職人も同じですわ。いたるところに、そうした努力や工夫、気持ちがひしひしと感じられましたな。

明治の修理で瓦の隙間を広くしたことは、手を抜いたというわけではないんです。監督としては、それなりの計算があってやったんやろうけど、実際に葺く瓦職人はこれではあかんと思ったんやないかとわしは睨《にら》んでいるんです。しかし、あの当時の監督というたらものすごい権威を持っていたんですやろ。明治の仕事を見たら、職人はウンともスンともいえんような状態で仕事をしてますわ。監督の指示することに、「そうじゃないんやないか」と思っても、いいからやれと命じられたんでしょうな。文句や意見をいうたら、それこそ打ち首じゃというぐらいの締めつけの下でやった仕事やと思いますわ。

瓦の間隔ひとつにしたかて、そんな偉い人たちが、瓦のピッチはなんぼと決めたのやと思いますな。枚数計算をする係がいて、屋根を軽くするためにはこうしろ、この枚数で葺けというたと思います。職人の考えでは絶対にやってない。もし、職人がもうちょっと自由にものがいえたら、こうはやらないだろうと思うところがいっぱいありました。職人は実際に仕事を積み重ねてきてますから、こんなに隙間をあけたらあかんとすぐに思いますわ。

それは大棟の棟積みにもありました。棟は何枚もの熨斗瓦《のしがわら》が積み重なり、一番上に雁振《がんぶり》瓦《がわら》という瓦がのっているんです。この雁振瓦も大人が二人で持つような大きな瓦ですわ。それらが積み重なれば大人の背丈《せたけ》以上になるんです。遠くから見たらわかりませんやろうが、あれだけの大きな建物やとそれぐらいはありますな。熨斗瓦を重ねるのは、ふつうは銅線でかたく結んでから、漆喰《しっくい》で固めるのやけども、明治のときには瓦と瓦の間にコンクリートを使ってました。いまから考えればアホなことをと思いますが、明治のころは最先端の材料やったんです。そんなもん、当時の職人はやったこともない仕事でしたやろ。漆喰の代わりにコンクリートを使う棟積みなど、誰も知らんし、見たこともなかったやろうからな。大仏殿のために明治の学者が考え出したのやと思いますな。結局は水が浸みこみましたし、解体するのに削岩機《さくがんき》で壊さなならんかった。それ以外にも大きな棟幅に対する熨斗瓦の形状が合うていませんでした。棟幅が広いから外から棟の中へ雨が流れこんでいたんです。

　遠くから大仏殿の下層の屋根を見ますと、上層の屋根の軒下に当たるところへ瓦が並べてあります。あれは雨落《あまお》ち瓦《がわら》です。これだけは、とくに幅の広い瓦で、宝永のときから並べてあるものでした。上層の大屋根には樋《とい》がないから、雨水が滝のように下の屋根へ落ちるんです。その雨水を受けるための瓦が下層の屋根に並べてあるんです。その滝のように雨が当たるすぐ近くに丸瓦があり、その丸瓦を止めるのに太い釘《くぎ》が打ってあるんです。その釘を打つのも、職人が決めてまへんわ。丸瓦何枚かごとに釘を打っていますが、その位置もここに打てと指示されて、意味もわからずに打ってますわ。釘がどういう役目を果たすかを考えていなかったんですな。

　明治の修理には、釘は銅と鉄の両方を使うとったけど、一尺八寸ぐらいの大きな釘でっせ。その釘の頭へ雨が滝のように落ち、そこを伝わって水が野地板まで浸みこんでいましたわ。それが野地板や木部を腐らし、雨を漏らす大きな原因の一つになっていましたのや。ああいうのを見ましたら、職人がどんな地位で仕事したかがわかりますな。

明治の時代にも、立派な職人さんはいたと思います。そして、職人はそうしたことに泣いていたと、わしは思います。

西岡棟梁もいうてましたな。昔は学者よりも職人のほうが仕事では上やったけど、明治以降、西洋文明が入ってきてから立場が逆転してしもうた、と。技術を持った職人が、自然のものをうまく利用して、建てたものが文化財になっとる。それを学者が研究して、あだこうだというて、いまに至っとるわけです。

初めて朝鮮からやってきた瓦職人に教えてもろうた「原点」まで遡《さかのぼ》ってみたら、そのときは学者なんておらんかったはずや。わしらは「瓦」を通して、先人の技を千年以上も伝承してますんや。

学者は、出来上がったものはよう研究してますから知ってますけど、わしらは出来上がるまでのことを研究しながら実践してますのや。そやけど、わしらが説明しても、学者にはなかなか理解してもらえないですからな。残念ですわ。

わしらみたいな技術者をもっと残しておかんことには、つぎの時代には修復する人がおらんようになってしまいますよ。

昭和の修復で心したこと

まあ、調査や瓦を剝《は》がしていくことで、明治の新しい試みの欠点や葺き方のうえで悪かったところもわかった。時代もここまで来ると平瓦にしても、丈夫で軽くすることもできるようになりました。こうなったら何とか知恵を絞《しぼ》って、雨の漏らないすばらしい形の屋根を葺きあげたいと思いますな。先人の苦労に応《こた》えななりませんわ。そのために屋根を葺くにしても、葺き土による野地板の蒸れ腐れを防ぐために新しい試みをしました。

平瓦の下には葺き土を入れない「空葺《からぶ》き」にしました。そうすると、屋根は十分軽くなりますし、土に浸みこんだ水分が出どころをなくし、木部を蒸れ腐らせるということはなくなるわけです。瓦の重ねも多くし、瓦同士の間も狭くしました。

問題は、縦にまっすぐ伸びる丸瓦の下です。ここにも余分な漆喰を置きとうないんです。この漆喰の置き方ひとつで雨漏りの危険や重量を減らさなならんという課題、美観の問題などが決まりますからな。本瓦葺きの最大の難所ですわ。漆喰は多すぎてもあかんし、少なすぎてもあかん。その加減が難しい。一人二人の上手な職人がすべてやるのと違って、たくさんの職人がやらなければならん仕事です。どんな職人さんがやっても安全で簡単、そして同じように仕上がらなあかんのです。井上さんの苦労がようわかりましたな。何とか漆喰を少なくして、瓦が動かんように、誰でも同じように葺ける方法がないかと考えたんやが、なかなかいいアイデアが浮かばん。

はじめは三角のものをつくって挟もうと思うてたんです。そやけど元禄や明治の平瓦はそんなまっすぐに葺けるもんやない。大きい小さいがあるしな。三角のものを入れたら、間が広かったら漆喰が落ちるし、大きかったら丸瓦を置かれへんようになる。何かいい方法はないかと考えて、時間もぎりぎりいうところまで追いこまれてしまったとき、廃材置き場に置いてあった水道のビニールパイプを見つけて、「これや」とひらめいたんです。平瓦と平瓦の間にビニールパイプを置いて、その上に漆喰を置けばいい。これで漆喰の量はかなり減る。漆喰も下に落ちてしまうこともないし、通気性もいい。これやったら、どんなに多くの職人が分担してやっても同じように仕上がるしな。あとはなんとかパイプを平瓦と平瓦の間に中ぶらりんにして落ち込まないように止める方法を考えたらええのや。これがミソや。それでいろいろとやってみて、平瓦の間に二本のビニールパイプを止め、その上に漆喰を置くことにしたんです。漆喰も、よく固まり、吸水性が少なく、凍結によって崩れんようなものを選びました。うまくいきましたわ（一六四ページ参照）。

漆喰が硬化してしもうたら、パイプは腐ってもかまわんしな。とにかく漆喰が瓦の下に広がって湿気をためるのが一番あかんのや。これで屋根の傷みの一番の問題である野地板や木部の傷みは解消されました。このやり方は、その後の薬師寺の大講堂や平城宮跡の朱《す》雀門《ざくもん》を葺くときにも応用しましたな。後ではビニールパイプの代わりに竹を割ったもんを使いましたけどな。

それから、雨の落ちる部分の下にある丸瓦には、釘はいっさい使いませんでした。大棟の瓦積みもコンクリートはやめ、漆喰に戻し、棟積みの熨斗瓦《のしがわら》も階段式にして、横からの雨が吹きつけても、棟の内部へ雨水が浸入しないように考えて葺きあげました。

これらの新しい試みは、屋根が葺き上がったら外からは何も変わらんように見えます。つぎの解体修理の人がこれに手をつけるまではわからない。平瓦の厚さを均等にしなかったというのも、解体してみないとわからないことです。

いま博物館に白鳳《はくほう》の瓦とか各時代のいろいろな瓦が並んでいますね。あれと同じように、いつかわしらの葺いたものも昭和の瓦として展示されるときが来るかもしれんですな。けど、完全な施工をしたつもりですから、つぎに解体するのに難儀するやろうな、あれは。

棟梁としての役目

瓦葺きで肝心なのは、雨水を漏らさず、長くもたせることや。そして古い瓦と新しい瓦を適所に使いながら、大勢でやった仕事を、いかにも一人でやったような姿に仕上げていくことですわ。雨漏りさせないだけの技術だけではダメなんです。

大仏殿では、わしは屋根の棟梁としてかかわらしてもろうてましたが、実に難しい課題でしたな。

明治の修理のときは、親方の伯父さんの井上松太郎さんが瓦葺きの棟梁で、奈良、大阪、三河の職人がやったと聞いています。西側を奈良と大阪の職人、東側を三河の職人が葺いたそうです。ところが、もうひとつ全体の姿をまとめる、というところで無理があったんですな。全体として統一した仕事になっていなかったんです。

わしは、そこらをどうするか考え、完成した姿を頭のなかに描きました。わしらの仕事は建物の散髪屋ですわ。できるだけ男前にしてやりたい。描いた姿になるように、まずベニヤ板に三十分の一の縮図を書き、大棟《おおむね》、降《くだ》り棟《むね》、隅棟《すみむね》や軒先などの要所は原寸図を書きました。

工事中は大仏殿は素屋根で覆われていますから、棟積みの曲線やとか、四隅の反り具合が地上からどう見えるかわかりません。わしは頭のなかで、棟の反りに勢いを出すことを考えながら原寸図を書きました。その原寸図で職人の意志を統一するしかないですからな。職人が鉛筆をもつというのは、実際は嫌なことなんやけど、大仏殿では原寸図の大事さがようわかりましたな。職人が原寸の大きさや感覚を体に浸みこませるためには、鉛筆をもって書くことが大切なんや。そういう手書きの技術も職人を育てるために必要なんです。

たな。

そして親方が、昔わしにいうてたことや、いいたかったことが、このときようわかりまし

腕のいい職人ほど、自分の好き勝手なことをやりたがる。そやけど、一人でやったって

しゃあない。それをどうやってまとめあげるかということですわ。それらをまとめあげる

ために「原寸図」という一つの基本をつくっておくんですわ。そうすると、職人が交代し

ても同じように仕事ができるんです。

それでも工事の間には、どうしてもうまくいかないことが起きるもんです。鴟尾《しび》周辺の

瓦の葺き上げのときには、図面を何度も引き直し、何度も計算するんやが、瓦の枚数や、

仕上がりの曲線がうまくいかない。しゃあない、明治の通りでもかまへんからと、思い切

り葺いてみると、ドンピシャリ、見事に納まった。あれはいまだに不思議なことや。大仏

さんが計算してくれたんやと思うとります。それ以外にも、行き詰まったときは大仏さん

を見上げ、気分を落ち着かせたもんです。

それに隅棟《すみむね》と棟のとっつきをどうするか、だいぶ考えたんですけど、難しかったですね。

そのときは誰も教えてくれる人もおらんし、代わってくれる人もおらへんし、わしなりの

プライドもあったから、人にはいえん自分との勝負がこのときもありましたな。もう誰に

も頼れんようになると、自然と手を合わせたくなるんですわ。そんなとき、大きな大仏さ

んの前を通ると、

「苦しいだろうが、私のためにこの仕事を仕上げてくれよ」

と逆に手を合わせてくれているような感じがしました。いまはみな原寸図として理解できていることが、そのときはわからんかったんです。

そんなこんなで工事が完了したんやが、落慶法要の前日は台風が来る予報やったから、気が気ではありませんでしたな。結局、鴟尾の除幕式はリハーサルもできずに一発勝負でした。当日は前日の台風が嘘のように晴れましてな、二十世紀でたった一人か二人だけという鴟尾の幕をはずすありがたい役をいただき、夢のような一日でした。これもひとえに、わしを仕込んでくれた親方、経験、多くの人たちの協力、そして大仏さんのおかげです。

そして、わしには忘れられない方との思い出があります。昭和大修理の当初、工事の指揮をとっていたのは上司海雲管長さんでした。鐘楼模型をつくる許可をもらいに行って花生け（水盤）を灰皿と間違えとったときの上院の主任ですわ。初めて出会ったときからご縁をいただいて、ずっとかわいがってもらっておりました。ところが工事の途中で入院されたので、それからはよう見舞いに行ってました。

ある日、身内の方が、「本人に癌《がん》やということを、いわんといてください」とわしにいうんですわ。ところが、海雲さんはご自身の病気のことを知っておって、「家族に癌やということを、いわんといてください」というんです。海雲さんはドイツ語ができたので、教授がインターンの人へ説明していた話がわかったんですな。

その後、家族の方がわしに手術の話をしてきたんで、海雲さんはご自分の病気のことをご存じですと話しました。それから海雲さんを含めて話し合いになったんですが、「坊主が手術をして命を延ばすということは、仏教の世界ではええことではない。自然に命が消えていくのが当然や。もし手術をするんやったら、管長を降りてからする。その決断を今晩するから」といわれました。そしてわしに、「今回の工事は屋根瓦の葺き替えがいちばん大切だ。屋根だけは頼むよ」と話されたんです。

修理の最中に亡くなられてしまいましたが、最後まで工事のことを気にしてましたし、わしも落慶の日を一目でもお見せしたかったんです。それで、骨壺のある場所は以前から知ってましたんで、落慶の朝早うにこっそり持ち出して、胸にくくりつけて大棟に登って、お見せしました。

海雲さんも変わった人でしたな。「屋根を直しに来てくれ」と頼まれて行きますやろ。そしたら、自坊の蔵の屋根には三〇センチくらいのススキがボーボー茂ってますし、瓦の間に藤の蔓が入って、瓦を押し上げてしもうているしな。海雲さんは「生き物は一切引くな」というしな。引いてしまわんことには瓦は葺けませんので、困ったことでしたな。

海雲管長さんは初めの出会いといい、終《しま》いといい感銘深かったですな。

第七章　日本の瓦考

魅力ある古代瓦

　わしが親方のもとへ弟子入りしたときには、親方は瓦の年代を研究しとりました。あのころは法隆寺の近辺を探しましたら、地面に古い瓦の欠片《かけら》がよう落ちてましたんや。親方の家へ行ったら、そうした古代瓦の破片が石炭箱に三つぐらい収集してありました。その破片の焼き加減とか、つくり方とかで、どの時代の瓦なのかを研究していましたな。瓦の表面に布目《ぬのめ》があるか、その布目もどういう糸の、どういう織り方なのかで時代がわかりますのや。

　親方のとこへ弟子入りしてから、わしもそういうことを勉強するようになりました。とくに勉強になったのは、法隆寺の土塀に至るまでの全建物の軒先の瓦を、双眼鏡で一つずつ調べていく作業でした。少しでも違った瓦があれば下ろし、寸法を測って、一つ一つの瓦に番号を打って写真を撮ったんです。時代ごとに、きちっと選別するんです。その仕事を親方と一緒に三ヵ月ほどやらしてもろうてね。それこそほんまにええ勉強でしたなあ。それらの軒先には飛鳥《あすか》時代の瓦は使われていませんでしたな。

飛鳥時代の古い瓦はなかなか触らせてもらえまへんわ。平瓦や丸瓦なんかですと、屋根の上にのっているときもあるけど、現在では、飛鳥の瓦というたら金槌《かなづち》で欠いたりは絶対できへん。貴重品も貴重品で宝物やから、屋根に戻すにしても、どこへ納めたという記録をちゃんと残しておくんです。できるだけ風雨に曝《さら》されへんようなところ、傷《いた》まんようなところへ持っていって残してありますわ。

でも、飛鳥時代の瓦でも、日本にはまだ大変な数があります。あるけれども、軒唐草瓦《のきからくさがわら》や軒巴瓦《のきともえがわら》のような特殊な紋様には、みなさん興味持ってはるけど、ふつうの平瓦とか丸瓦は、これが飛鳥やいわれてもわからん人が多いやろな。

わしはいまは一目で飛鳥の瓦、白鳳《はくほう》の瓦、天平《てんぴょう》の瓦の区別がつきます。人の年齢を読むのと一緒で、見間違いするときもありますよ。まあ、勘というたら勘もあるし、また、製作の方法が、だいたい日本国中、その時代はみな統一してますな。

それでは瓦の歴史と時代ごとの瓦の特徴を話しましょうか。

百済《くだら》から来た四人の瓦博士

日本では、瓦が入ってくるまで建物は掘っ建て式で、屋根も草葺きか板葺きか木の皮葺きやったんですな。近くにあった自然の材料を使っておって、土を焼いた瓦をのせるという考えはなかったわけや。そやけど、瓦は古くから中国から朝鮮には渡っておった。朝鮮に伝わったのは千年以上日本よりも早いんや。それがなかなか日本に伝わって来なかったし、日本には、そのころ仏教というものもなかったんです。

それが崇峻《すしゆん》天皇元年、仏教の伝来とともに初めて本格的な寺院建築をするために、僧、寺工(建築技術者)、画工、鑪盤《ろばん》博士たちと一緒に四人の瓦博士が百済《くだら》から教えに来たということになっとるんや。『日本書紀』にそないなことが書いてある。建物のつくり方から丸ごと教えに来たんですな。これが日本の瓦の始まりや。こうやって日本での本格的木造建築の第一号の飛鳥寺(法興寺)の建設がはじまったんです。

その当時は、瓦をつくるのも葺くのも初めてで、まして土を焼いて、屋根にのせて雨が漏らんようにすることなど、それまでの日本人は考えもしなかったんでしょうな。そやから瓦みたいな重くて、落としたら割れる焼き物をのせるという発想に、それはびっくりしましたやろうな。

この雨だらけの国ですよ。それでも、なんとか瓦がのっている建物をつくってみたいというのが当時の技術者の思いやったんやろうな。

百済《くだら》から日本へ瓦博士らが来て、はじめに誰に指導したかということを考えたら、須恵《すえ》器《き》とか、そういう土器を焼いている人たちに教えたやろうと思います。そういう人たちは土をなぶることに慣れとるし、窯も焚いてますから、覚えるのが早いですしな。

瓦と須恵器では硬さは違うけども、瓦も須恵器に近い焼きです。実際、須恵器の窯で瓦を焼いておった跡も残っています。ただ、その窯を見ても、そんなにうまく焼けるようにはなっていない、苦労した跡が残っています。

百済から来た四人の瓦博士というのは、象徴的な四つの仕事のことをいっているのか、はっきりわからんのやけども、実際に瓦屋根をつくるとなれば、瓦を焼く人と、葺く人は入ってなあかんわな。ほかに、窯もつくらないかんやろうからそういう人もおった。型彫りもやっとるから、デザインや彫刻を教えた人もおったんでしょうな。瓦博士に初めて習った飛鳥時代の瓦は、ほんま簡素で上手やないけど、蓮弁《れんべん》にしてもひとつひとつ彫ってありますわ。一生懸命、苦労しながらつくった跡が、ちゃんと残っていますよ。まあ、そんなんで、日本にも瓦の技術が導入されたわけですが、飛鳥時代の瓦はほとんど百済のものと一緒、そのまんま模倣したと思われますな。

平瓦六キロ、軒平瓦は一五キロもある飛鳥瓦《あすかがわら》

飛鳥《あすか》時代の瓦は大きいですよ。瓦は大きいほど漏りにくいんです。瓦同士のつなぎ目が少ないからな。でも、加工したり葺くことを考えましたら、大きくて重いのは大変なことや。大きさは建物によって違いますけど、飛鳥の平瓦のなかには縦が一尺五寸（約四五センチ）、横は一尺一寸から一尺二寸（約三三〜三六センチ）というのもあります。厚みも、厚いので七分、八分《ぶ》（約二・一〜二・四センチ）ぐらいのが一番多いかな。薄いのもありますよ。谷の深さは最大で二寸（約六センチ）ぐらいや。飛鳥の平瓦は一枚が六キロぐらいありますよ。後で話しますが、桶《おけ》に巻いてつくってあるから桶の板目の痕《あと》や布目の痕がついていますわ。それと瓦の側面の切り口が直角になっていますな。

法隆寺金堂の軒唐草瓦は、発掘されたもので、重いものならば一五キロもあるのや。四貫目。一枚四貫目もありましたら、片手でパッとは持てまへんで。両手でよっこらしょっや。なんであんな重い瓦を軒先に使ったんかなあと考えましたら、風で飛ばされんように重くしたんかなあと。

とにかく、飛鳥時代から白鳳《はくほう》時代にかけての瓦はでっかいですわ。人間のすることですから、瓦でも運びやすく、焼きやすく、葺きやすい大きさというのはありますな。平瓦で

わしらが標準としているのは、長さが一尺一寸、幅が九寸（約二七センチ）、谷が一寸五分（約四・五センチ）ぐらいです。白鳳くらいからぼちぼちこの標準の瓦が出てきますし、その大きさはいまに続いています。人がつくる、使うものは手や体の大きさに合わせて決まってくるものなんです。

漏るとか漏らないとかを別にすると、つくるものは小さいほうが楽です。そやけど建物がでっかくなってきたら小さな瓦では見た目が悪いし、瓦同士のつなぎ目も多くなり、漏りやすいから、それに似合う大きな瓦が必要だったんでしょうな。それが天平時代になってからは、瓦はちっこうなっています。なんであんなに極端にちっこうなったかなあと思うのやけどもなあ。天平時代に瓦のつくり方が変わったんですな。

瓦はどのようにつくるのか

瓦をどうやってつくるか簡単に話しておきますと、「原土《もとつち》」という粘土がまずいりますな。山の土や田圃《たんぼ》の土や畑の土を使うこともありますし、専用のええ粘土もあります。昔は自分らで掘りましたやろうが、いまは専業の「土屋」がおります。土は手に入れましたら、すぐに使うんやなくて、必ず「寝かせ」ますな。そうすることで土に粘《ねば》りも出るし、土がおとなしくなるし、成型しやすくなり、乾燥のときも傷やひび割れすることが少なくなります。以前は採掘してきた土を二年くらい雨つゆにかけ、何度かひっくり返して寝かせましたが、いまはそんなことしているところは少ないですわ。おおかた真空土練機で土を捏《こ》ねています。その前は土練機という機械でした。それ以前は粘土を足で踏んでいました。

この捏《こ》ねた土で「荒地《あらじ》」というものをつくります。瓦の大きさや厚さに合わせて切り出した粘土板が荒地です。昔は捏ねた粘土を積みあげた「タタラ」というものをつくって、そこから植物性繊維の細い糸か紐で荒地を切り出しました。

この荒地から瓦の形に成型し、乾燥させます。この乾燥させた、焼く前のものを「素《しら》地《じ》」といいますんや。瓦の種類によってはここで少し工程が加わりますな。燻《いぶ》し瓦《がわら》をつくるときは、うちではここで篦《へら》を使って、軟らかいうちに磨きをかけます。釉薬瓦《ゆうやくがわら》やったら乾いてから釉薬《うわぐすり》を塗ります。

こうして窯に入れる準備がすんだら「焼成《しょうせい》」。素地《しらじ》を窯の中に運び込んで、焚いて瓦が出来上がるわけです。焼く瓦によって窯の形や焚き方も違います。燻《いぶ》し瓦《がわら》やったら最後の炭化の作業がありますな。昔やったら、松の葉や枝をくべて、くすべて瓦に煤《すす》をつけました。いまはガスでやりますがな。朝鮮から来た瓦博士が教えてくれたやり方でも、オートメーションで土を入れたら瓦が出来上がっていくやり方でも、順序は基本的に同じですわ。ここまで瓦のつくり方を知ってもらったうえで、古代瓦のつくり方の話をしましょうか。

タタラづくり

タタラづくりに使用する粘土は質のよいものが必要である。

①タタラの大きさを決め、足で粘土を踏みはじめる。

②徐々に粘土を足で踏みながら積み上げていく。

③さらに一定の高さまで粘土を積み上げる。

④糸などでタタラを切りそろえる。

⑤タタラの切りそろえ完了。

⑥瓦の厚みの印づけをする。

⑦タタラから板状の粘土を切り出す。

桶巻《おけまき》による古代の平瓦づくり

土を捏《こ》ねるのは、終戦の前ころまでは人間が足で踏んでやっていました。平瓦をつくるのにどうしたかというたら、最初は捏ねた土を桶《おけ》に巻きつけてたんです。簡単にいうたら、大きな桶に布袋をかぶせて、粘土を紐状《ひもじょう》（または板状）にしてぐるぐる巻きつけ、それを外側から縄を巻いた棒か板で叩きしめて成型し、桶を抜き取り、四つ切りにします。そうすると四枚の平瓦の素地《しらじ》ができるわけや。これが四枚づくりですわ。三枚づくりもありますよ。作業が楽《らく》なように、桶は巻きずしをつくるときの簀《す》のようなものでつくっていました。それやったら形ができたら、桶を崩して抜き取ればいい。桶に粘土を巻きつけるときには、桶から粘土をはがしやすいように布袋を桶にかぶせて、その上に粘土を巻きつけたんです。その布袋かて、木綿とかじゃなしに、麻《あさ》とか苧麻《ちょま》とか、そんな繊維で織った布で、粘土が布にくっつきやすいように、糸にも撚《よ》りがきっちりかかっています。その布目が瓦にみな残っていますが、その布の粗《あら》さや外側からの叩き目によって、瓦がつくられた時代がわかりますんや。

飛鳥時代や白鳳時代の瓦にも、この桶の痕や布の痕がついとるんです。時代によって桶の作り方や布の織り方が違います。いつの瓦かは、それでわかりますし、奈良時代に入ると、四つ切りした瓦の側面の切り口に面取《めんと》りがあったり、葺きやすく、雨が漏らんような工夫がされてきますわ。この切り口も時代識別に役立ちます。瓦がいろいろと教えてくれるんですわ。

桶に布袋をかぶせ、その上に粘土を巻きつけ、筒形になったら四つに切る。これが一番最初のつくり方でした。足で捏《こ》ねた粘土は軟らかで、そんなに硬くならんのやけども、この桶を使う方法やったら、かなりでっかい平瓦でも、粘土が軟らかくてもいけるんですわ。

飛鳥時代から白鳳時代にかけての瓦は大きいから、桶も大きいですな。そうなってくると、板状の粘土を何枚か巻きつけたんとちがうかなあと思います。細長い粘土を紐状にしてぐるぐる巻き上げていくのは楽やが、そうやったら、継ぎ目がたくさんできるから焼くときに失敗の率が高いんや。きちっと紐粘土同士がくっついていなかったら焼いたときに傷が入りますからな。

飛鳥時代の平瓦は、出来上がりが一枚あたり一尺五寸×一尺一寸もあります。焼いたら一割三分ぐらいは縮んでしまうから、つくるときはそれ以上の大きいもん、一枚あたり二尺近い形を四枚もとったんやから桶もかなり大きかったやろうね。

桶をつくる技術はすでに確立されていましたやろな。そうはいっても、あのころは、いまみたいな鉋《かんな》がありませんから、パンパンと割っただけの板でつくった桶です。板同士がきっちりくっついていない。間隔があいている。そんな桶やから、丸太が繊維どおりに割

古代の平瓦づくり

古代の平瓦のつくり方には、
板粘土を使う方法と紐粘土を使う方法の二つがある。

①平瓦用の桶を組み立てる。

②桶に麻布袋をかぶせる。

③タタラから切り出した板粘土を、麻布袋をかぶせた桶に巻く（板粘土づくり）。

④粘土を紐状につくっておく（紐粘土づくり）。

⑤紐粘土を麻布袋をかぶせた桶に巻く。

⑥　③⑤いずれの方法でも、板などで叩きしめる。

⑦桶ごと持ち上げる。

⑧桶をたたむ。

⑨組み立て式の桶を取り出す。

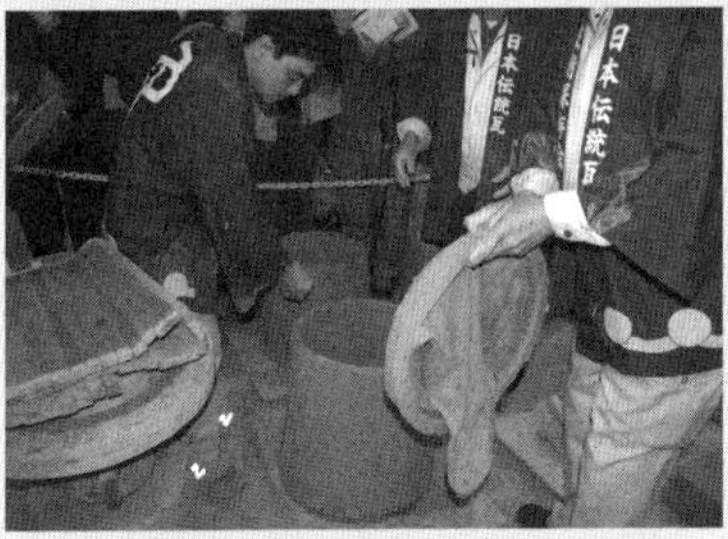

⑩さらに内側の麻布袋も取り出す。

⑪一時乾燥させた後、四等分する。四枚の平瓦ができる。

れてるものがあればそれを使えばよかった。瓦の表面を見たら板の凸凹がそのまま残っています。桶の材はヒノキかスギか、いまのところはっきりしたことがわからんのです。桶は紐《ひも》で上手に編んでありますが、鎧《よろい》のようですわ。しかも筒状にしても簡単に、自由にためるようなっておったんでしょうな。その紐の編み方も幾通りか考えられていますわ。

荒地《あらじ》を切り出すのは、粘土を一定の高さと幅に積みあげた「タタラ」からで、一定の長さ、幅、厚さの粘土の板を切り出していきます。タタラは、土を足で踏んでつくるのは昔から一緒やけど、やり方は違いますわ。昔は低いものやったと思いますわ。昭和のころまで残っておったタタラは、高さが三尺（約九〇センチ）、長さが十尺（約三メートル）、幅が一尺ほどやったんです。それを二人で針金の代用品みたいなもので切ったんです。

これからもっと調べなわからんけれども、飛鳥のころは、そんな長い大きなタタラではないと思うんですな。量産の問題もあるけど、小さいタタラと、長いタタラとどっちが早いか。均一なものをつくりたいと思うから、後の時代は大きなタタラをつくったんやが、タタラを高く積み上げるのもかなりの技術がいりますんや。そやから、最初はもっと簡単にやっていたんやないかと思うけどな。近世になってきたら、タタラもかなり高う積み上げています。昭和のはじめころまで、タタラをつくってやっていたんです。わしがこの仕事を始めたころは、まだ一軒、京都でやっていたところがありましたが、いまはほとんどやっているところはないんとちがうかな。

奈良時代から始まった一枚づくり

奈良時代に入ると、桶巻《おけま》きから一枚づくりという工法に変わりました。桶に巻きつけるんやなくて成型台に布を敷き、タタラから切り出した粘土板を押し当てて、まずは荒成型《あらせいけい》をするんです。そして成型台からはずして、立てて乾かします。この工程では、粘土が軟らかいために瓦一枚では立ちまへんので、五枚分を一枚として荒成型したんですわ。それで少し乾いたものを成型台にのせて、一枚分の形に切断したんです。つくりやすさは、一枚づくりのほうが桶に巻くよりも楽ですわな。

このとき粘土板を型に合わせるだけではできませんから、叩きしめながら二工程か三工程ぐらい手を加えています。表面に水をつけたり、篦《へら》で掻《か》いて滑《なめ》らかにする、そういうこともやっています。そうして仕上げをすることで水をはじくきれいな瓦ができるんですわ。

奈良時代はすっかり一枚づくりに変わったわけやなく、一枚づくりと桶巻きの両方をやってますわ。同じ時代の瓦でも両方のやり方の痕が残っていますから。そしてその後は一枚づくりだけになります。

この工法は中国でもいろんなつくり方をしています。溝《みぞ》みたいなもんにパタパタと軟ら

一枚づくりの平瓦

①タタラより粘土を切り出す。

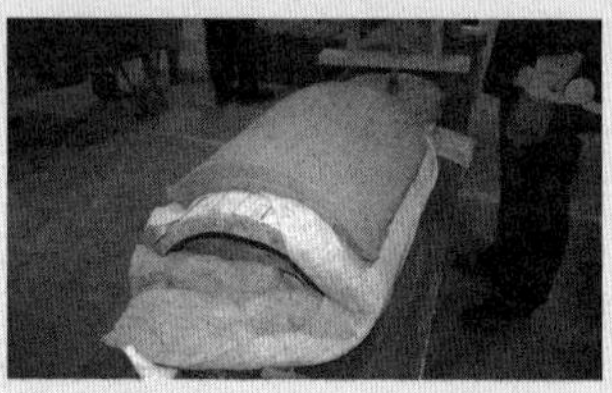

②板粘土を荒型にのせ、叩きしめた後、一時乾燥させる。

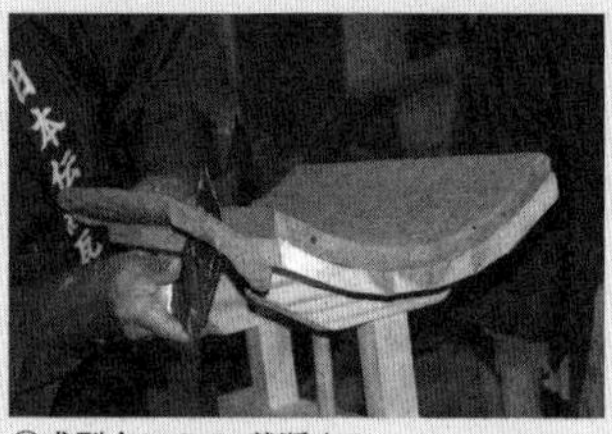

③成型台にのせ、裁断する。

④型から取り外して一枚づくりの平瓦の完成。

軒平瓦をつくる

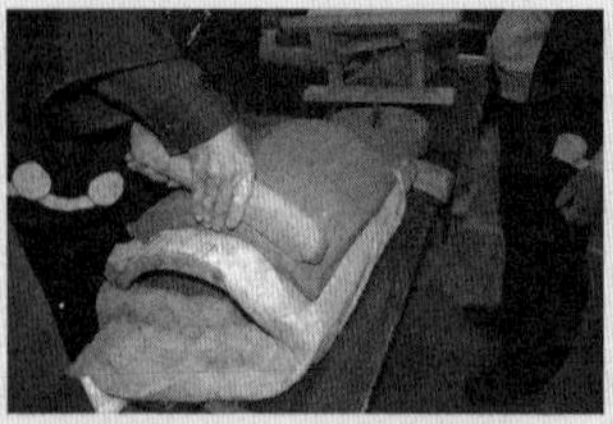

①紋様を取りつけたところへ粘土を盛る。

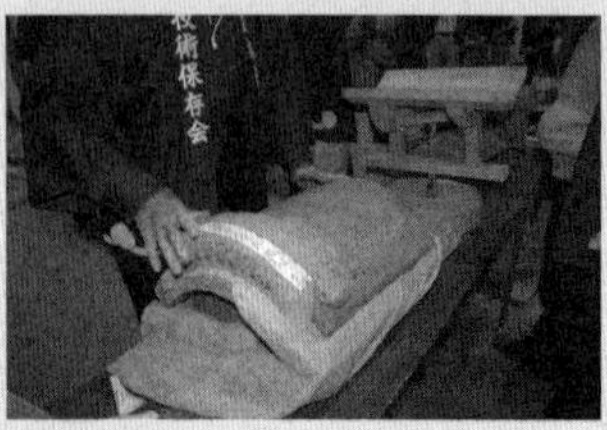

②紋様のついた型を密着させて叩きこむ。

③不用な粘土を切り取って、紋様の取りつけ完了。乾燥させた後、表面の仕上げをして完成。

軒丸瓦をつくる

①粘土と紋様のある型を用意する。

②粘土を型に密着させ、形を整える。

③ ②と同じ。

④ ③に丸瓦を取りつける。

⑤ ④を内側から見たところ。

⑥接合部分を整える。

⑦紋様の取りつけ完了。その後、一時乾燥させ仕上げをする。

かい粘土板を置いていって、平瓦をつくっていましたりな。そういうものができるのは、やっぱり粘土がいいからです。そういう点、あの国には勝てませんなあ。日本の粘土はすぐ割れる。日陰で干しても割れる。土質というのか粘着力も違うしなあ。

兵馬俑《へいばよう》というて、秦《しん》の始皇帝の墓に大きな馬やとか兵隊の人形をつくってありまっしゃろ。あんなの、どないしてつくったんかなあ。簡単につくっとるのやから驚きますなあ。うちの番頭さんが戦争で中国へ行ったとき、そういう仕事をしているところへ行って話を聞いたそうや。そしたら、ええ土は二代、三代前から蔵に置いてあるというのや。わしらはせいぜい一年や二年、寝かしとるだけや。いまはもっと短くなっとるな。三代も寝かすということは百年もたっているわけです。それが宝物らしいですなあ。そのくらい土を大事にしているんですな。

技術の途絶えた平安時代の瓦

平安時代には、瓦がいったん絶えてしもうたような時期があります。檜皮《ひわだ》やこけら葺きとかいうような自然の材料に戻ってしまったんですな。時代に沿って瓦を見てくると、そう思うんですわ。平安時代の瓦は粗末で投げやりなんですわ。こんな不思議なことがあるんかなと思うほどです。日本に瓦が来たばかりのときより技術が退化してしもうてね。技術が途切れたんやないかと思うほどですわ。

瓦が衰えたのは、そのころ、唐のものなんか真似するなと、和様が主流になったのではないですかな。白木《しらき》の家に檜皮の屋根というような建築がもてはやされた。もしかしたらそういうことがあったかもしれませんな。

建物の形も変わってくるんです。軒もうんと深うなっているし、反《そ》りなんかもものすごうきつうなってくるし、勾配の反り上がりも違う。瓦じゃ、とてもあの屋根を葺くのは無理やったんかもわからんね。

平安時代には焼きも悪くなって、まあ、魂が抜けたような瓦ばっかりです。瓦屋が優遇されなかったのですな。それと、平安時代の建物は間口が大きくなった大建築で、屋根荷《やねか》重《じゅう》の問題で瓦がのせられなかったんじゃないかという人もいます。

法隆寺には、さまざまな時代の瓦がのってました。それらを見ましたら平安の瓦が質的に一番悪いですわ。手抜きというのか、縄叩《なわたた》きの叩き方にしたかて、なまくらや。もういやいや叩いとるし、縄も悪い。使っている麻布もぼろけたような粗《あら》い、破れたような布ですなあ。親方もよういうとったけど、

「飛鳥は一生懸命頑張るばっかり。白鳳で頑張ってかなりのとこまでいった。それが天平に入って大量生産するようになって変化してきた。全体には質的にも落ちとるけれども、それでもいいものはよろしいです。それが平安になって、世の中、みな、平和で豊かなと

きやから、のんびりしすぎたんとちがうんか。厳しさがない。そやからね、瓦屋の職人まで、だらけとったんとちがうか。偉い人はみな遊びほうけてそれが広まったんやないか」となあ。

日本でも千三百年ぐらい瓦の歴史があるけど、その間にすごく寒い時期が何回かあって、そういうときの瓦は、やはり傷んでますからな。もしかしたら瓦が途絶えて檜皮になった平安の時期というのは、寒さが厳しくて、ひどく瓦が凍《い》てて漏ったりしたことがあったのかもしれませんな。古い瓦の移り変わりを見てますと、さまざまなことを考えまっせ。

平安時代は残っている瓦が少ない。瓦はたくさんあったんやろうけど、傷んでしもうて、なくなったのかもしれませんな。それでも平安末期になると、また瓦が復活してくるんです。まあ、とにかくよくなっては悪うなって、よくなっては悪うなってというその繰り返しですわ。よくなればすぐに自惚《うぬぼ》れ、考えなくなるでしょうし、悪くなると工夫するやろうからな。人も瓦もそういうもんですのや。

鎌倉で改革、室町で完成した瓦

まあ、瓦から見たら平安時代の瓦はそういうことになっておって、これではあかんと鎌倉時代には、一気に大改革していますわ。それ以前とは雲泥《うんでい》の差ですわ。すばらしい瓦です。それと一枚づくりの型の上に砂を敷いて、粘土が型にくっついて剝《は》がれづらくなるのを防いでいます。鎌倉の直前からこの傾向が出てきますが、こういうのが行き届くようになっていますわ。

水をはじくようにするために、初めは焼きでカバーしていましたが、天平時代から、ぼちぼち瓦に化粧をするようになり、鎌倉時代、室町時代で完璧になってきます。金篦《かねべら》で磨いてありますな。それも一枚ずつ裏も表も全部磨いてある。裏なんかやらなくてもいいような気がしますが、見えんとこまで室町時代の瓦はきっちりやってまっせ。縄叩きの痕を篦《へら》で磨いて全部消してしまうんです。そうしたら水も弾《はじ》くし、美しいですわ。

鎌倉、室町時代は、瓦が落ちないような工法も考えてあります。それ以前には、屋根から瓦がようけ滑り落ちるということがあったんでしょうな。軒先に置く唐草瓦の裏に窪《くぼ》みを拵《こしら》えて、瓦座《かわらざ》にひっかかるようにしてあります。ケツさえ止めておきゃ、釘やなんかで止めんでももちますわな。

室町時代に瓦は完成したといってもいいですな。建物も、鎌倉、室町時代のものは少々屋根に荷重《かじゅう》をかけても持ちこたえるだけの組み方をしてあるし、大きな木材を使うてますわなあ。

東大寺の、鎌倉時代につくられたあの鐘楼《しょうろう》なんかでも、入母屋造《いりもやづく》りやけど、隅が四つ、軒先をなんぼ出しても下がらんようにしてます。その代わり、材木が三倍ぐらいいるんとちがうかな。そういうふうにがっしりと、しかも美しくなっています。

鎌倉、室町時代の瓦は、それ以前の瓦より厚くて、よく焼けた丈夫な瓦です。それが桃山時代、慶長年間に入ってくると、だんだん瓦も薄くなって、瓦の長さも短くなってくる。瓦葺きの建物がたくさんでき、瓦が大量に必要になったのか、瓦の製法もうんと変わって、また焼きも悪うなって、平瓦の谷も浅うなってくる。谷が浅いというのはカーブが緩《ゆる》いということですわ。やはり大量生産になってきたんでしょうな。谷の浅い瓦やったら窯によけい入りますし、運ぶのも楽です。

建築も、鎌倉やら室町時代とは違って、だんだんと材木のいらんようなつくりになってきてます。江戸時代になったら、もう見えとるところばっかり丁寧で、柱も細くなる、瓦も薄くなる。そういうふうに変わってきました。

築城で、お城のようなところは、突貫工事のせいか強い瓦は少ないですな。その城下町には代官所とか、武士の屋敷とか庄屋の屋敷とかそういうもんがありますわな。それらは寸法は違いますが、瓦の質はみな一緒です。寸法は、やっぱりお城の瓦は大きいです。建物に合わしてありますからな。大きな丈夫な建物には、かなり大きな厚い立派な瓦をのせていますわ。やっぱりある程度の権力がなかったら、いい建築は残りまへんな。

文献によると、江戸時代の延宝二（一六七四）年、近江《おうみ》（滋賀県）の瓦師、西村半兵衛により平瓦と丸瓦を合体させた「桟瓦《さんがわら》」が考案されたことになっていますが、もう少し古い桟瓦も、実はあるんです。宮城県の瑞巌寺《ずいがんじ》には、それよりもっと古い桟瓦がありました。昭和三十一（一九五六）年の庫裡《くり》の修理工事で、わしがその瓦を葺きましたから、よう覚えてます。そやから、桟瓦を考えた人間はもっと他におるとわしは思うています。

桟瓦も「瓦」についての歴史的な発明のひとつですが、軒平瓦《のきひらがわら》の発明も日本で、いや、瓦文化の世界で初めて発明されたものですな。中国や朝鮮では、日本より千年以上前から瓦文化があり、瓦のなかでも、軒丸瓦というのはあったんや。それも、半円形から円形になり、その後、日本へ軒丸瓦は円形のまま伝わったんや。そやけど、軒平瓦というのは伝わってこなんだ。軒平瓦は、法隆寺の前身であった若草伽藍《わかくさがらん》（斑鳩寺《いかるがでら》）の遺構から、手で彫った痕跡の残ったものが発見されたんです。そのころの中国や朝鮮と比較してみると、軒平瓦というものはありませんわ。これは日本人独特の感性でっしゃろうな。

江戸時代に入り、瓦の簡略化が本格的に始まりました。桟瓦はいまでも「簡略瓦《かんりやくがわら》」といいます。簡略化し、たぶん、だんだん瓦同士の重なりが少なくなりました。瓦は漏らんようにと思えば、丁寧に葺くから瓦を三分の二ずつぐらいは重ねます。一枚ずつ少しずらして三枚重なるように葺いたんです。一枚割れても雨漏りせんようにな。初めのころは、桟瓦葺きも本瓦葺きと同じぐらい重ねてました。それが、いまは重ねが少なくなっていますな。

桃山、慶長年間からちょっと跳ね上がったんが、江戸中期の元禄年間ごろですわ。元禄の瓦はちょっと室町に似てますねん。ずり止めやとか、もう一度それを勉強したんか、そういう人がおったんかわからんですが、元禄はかなりいいです、焼きもよろしいですな。

それからまた時代が進みますと、ずるずるとまた悪くなって、明治に入ると建築と一緒で内装材には節のない木を使うとか、そういう見栄《みば》えばっかりに気を使っています。質よりも見た目を大事にしたんかなと思ったりしますね。大正に入っても、まあ、同じみたいなことですわ。表面の、見た目ばっかし、ものすごうええです。そやけど、「一窯、二土、三仕事」の順序が逆になっとりますわ。結局、焼きが足らんのです。惜しいもんですわ。ちょっと焦点がずれたんやな。きれいさを出そうと思うたり、歪みを出さんようにと思うたら、そうせんとしゃあなかったんやろな。

機械づくりの昭和、平成の瓦

昭和になると瓦づくりにも機械が導入されてきますが、戦争でいったん瓦づくりが途切れました。軍需工場やとか兵舎とか、そういうとこへ瓦をみな出せというようになりましたからな。瓦を勝手に売れまへんでした。焼きも悪いしな。この時代になりますと、瓦は割れるものだという感じになってきました。

戦後になると、焼け野原になった街の復興のために、大量生産が始まりました。このときに量販態勢でつくられた瓦は悪かったですな。一番悪いのが終戦直後のものですわ。

空襲で学校が焼けてしまったから、新しく校舎を建てたんですが、そのときに使われた瓦はひどいもんやった。屋根の上を立って歩いたら足もとの瓦が割れますのや。割れた瓦を差し替えるのに、四つん這《ば》いになって体重を分散させなならんかった。

わしが親父のところで修業していたころが、そんな時代ですのや。悪い瓦やったなあ。あのころの瓦はちゃんと焼けてないうえに、炭みたいなもんを塗ってすませていたんです。それでも売れたからな。あのころは、とにかくつくればよかったんや。

それからセメントを瓦の形に固めた「セメント瓦」が流行りました。あれは焼き物やないんです。上塗りのペンキで持たせてるようなものやった。しかし、ペンキもじきに剝《は》げてきよったなあ。

その後、社会がだんだん豊かになってきたら「トンネル窯」というて、一気になんぼでも焼ける窯が出てきたんです。素地《しらじ》の瓦を積んだ台車をトンネル窯の中へ続けて入れましたら、窯の中を通って、向こうから押し出し式で焼き上がった瓦がどんどん出てくるんです。

なんぼでも売れるもんやから、つくれ、つくれで質はかまへんというような瓦やった。

トンネル窯が出てきてから瓦もカラフルになってきてな、青い瓦、赤い瓦、紫のような釉薬瓦《ゆうやくがわら》がどんどん出てきましたな。

瓦がある程度丈夫になって割れなくなるのは、昭和三十九年の東京オリンピックが終わってからですな。経済の高度成長期に入って、家を建て直すようになってからです。それでセメント瓦と交代した、三州《さんしゅう》（愛知県）あたりの釉薬瓦がたくさん出てくるのはそのころです。それでもセメント瓦はしぶとく残っていましたな。それというのも、初めのころは寒いところには釉薬瓦は弱かったからね。九州なんかでもセメント瓦をかなり遅うまで使っていましたな。官舎の屋根にときどきいまでものっています。セメント瓦は凍害には案外強いんや。

セメント瓦は焼かないで型にセメントを流すだけですから、たくさんつくるのは楽なんです。セメント瓦でも石綿（アスベスト）の入ったようなものもあるしな。石綿が入るとある程度粘りが出るんやな。しかし、それももう使えませんわな。

どうしたかて生産者はコストを安うしようと考えます。その根性が結局、日本の建物を悪くしたようなものです。昔は、家といえば財産でしたが、いまは家も消耗品《しょうもうひん》、瓦も消耗品で、三十年後には産業廃棄物、いわゆるゴミです。こうやって考えてみると、千五百年かかって何も進歩しなかったに近いですなあ。

いまはいい窯もできとるし、焼く技術もあるんやけど、施工《せこう》するときには安う上がるような瓦しか使わんし、そういう安上がりな工法しか考えていないから、どうしようもないんですわ。なんぼよう焼いた瓦でも、葺くときに重ねを少なくしようとするしな。

家を建てるんでも、みなさん、屋根なんかは別にそんなに気にしてませんやろ。気にしてるのは家の中ばっかしですわ。長持ちさせるために屋根をしっかり葺くというようなことは考えませんもんな。

それでもいまの瓦はいいほうです。丈夫です。真空土練機ができたおかげで、とんでもない粘土でも瓦になるようになった。いい粘土がなかったところは、この機械の導入で瓦がようなった。立って歩いただけで割れる瓦を焼いていたところが、その真空土練機の導入で品物がよくなったんです。ところが、逆に昔の手づくりでやっているような粘土をこの機械で使っていたところは、みな失敗したんです。

備前焼で有名な岡山の、あの辺のよい粘土で瓦をつくっていたところは、機械の導入で初めはみな失敗したんです。機械ができたために、ものすごく浮かばれたところと、悪くなったところとができたんです。

それまでは、文化財の瓦は質のよい粘土でつくっていましたが、いまはとんでもない粘土を真空土練機にかけてできた瓦をのせるようになりました。しかし、結果が出るまで時間がかなりかかりますしな。あっちの粘土、こっちの粘土というて試しました。わしが工場で瓦づくりを始めるまでのしばらくのあいだは、雨の流れんような瓦が出てきて、往生

したことがあります。屋根を葺いている最中に雨が降ってきても、その雨が流れない。みな瓦が吸い取ってしまう。監督が、

「山本、出てこい」

っていうんや。古い瓦のところはどんどこどんどこ雨が流れているのに、新しい瓦は一つも雨が落ちてきいへんというてな。

「何でや」

と聞かれたけど、「瓦に聞いてくれ」とよういうて、わしも笑うたけどな、そんな質の悪い瓦を使っていたときもあったんです。

男瓦《おがわら》と呼ばれた丸瓦の変遷

平瓦が時代ごとに違いましたように、丸瓦も違いまっせ。丸瓦のほうが違いがわかりやすいですな。標準の丸瓦は「胴《どう》」部分と「玉縁《たまぶち》」部分からできてますのや。玉縁のあるほうが「尻」、反対側を「頭」というんです。つまり屋根の上にくるほうが尻や。玉縁は上にくる丸瓦の頭へ、入り込むようになっていますのや。玉縁の長さが葺《ふ》き代《しろ》ということです。

丸瓦は平瓦といつもセットやから、全長は平瓦の縦の寸法とほぼ同じですわ。よけいな

話ですが、平瓦を女瓦《めがわら》、丸瓦を男瓦《おがわら》と、昔は呼んでいました。男と女、いつもセットなんです。

丸瓦も時代で変化がありますからその話をしましょう。

飛鳥時代の初期、日本で最初のころの丸瓦は、胴がラッパ状で、尻よりも頭のほうが太いんや。そやから平らなところに置いたら、頭のほうが高く、尻が低くなってますわ。それでこの時期には、玉縁のあるのとないのの二通りの丸瓦がありました。

飛鳥時代の丸瓦のつくり方は、丸い木型（模骨）に麻布袋をかぶせ、その上から粘土を巻きつけ、麻布袋ごと型から抜きとって、縦に二つに切って、乾かしたものを窯で焼いたんです。

型に麻布袋をかぶせたのは、粘土が巻きつけやすいように、布ごとやったら型から抜きやすいようにするためですな。それと型が底よりも上部のほうが細ければ、なお抜きやすいですな。それで胴が尻に向かって直径で三分から五分ほど細くしてあったんです。

これが白鳳時代になりましたら、木型が徳利《とっくり》のような形になります。丸瓦は胴と玉縁の接するところ、肩といいますが、段をつけなければなりませんのや。それで肩をピンとするために、後で粘土を付け足して肉盛りしてあるんです。その痕跡が残ってますし、そこが取れてしまった丸瓦も見つかってますわ。それぞれ工夫がありまして、玉縁に細い溝を入れて浸みこんだ水がそこから先に入りこまんようにしたようなものもあります。

古代の丸瓦づくり

紐粘土で丸瓦をつくる

この丸瓦にも紐粘土を使う方法と板粘土を使う方法の二つがある。

①模骨をろくろへ差し込み麻布袋をかぶせる。

②紐粘土を麻布袋の上から巻きつける。

③表面をなだらかにした後、玉縁をつくりだす。

④叩きしめる。

⑤台から模骨ごと取り出し、麻布袋も取る。

⑥一時乾燥させた後、二等分する。

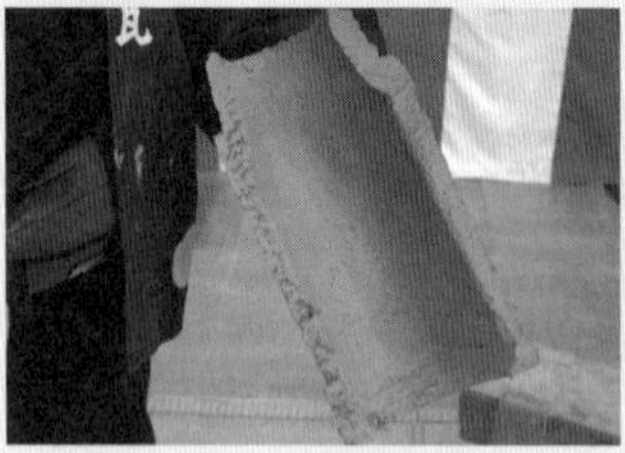

⑦二等分した丸瓦。このあと成型板にはめこんで仕上げる。

板粘土で丸瓦をつくる

①丸瓦用の模骨をろくろに差し込む。

②模骨に麻布袋をかぶせる。

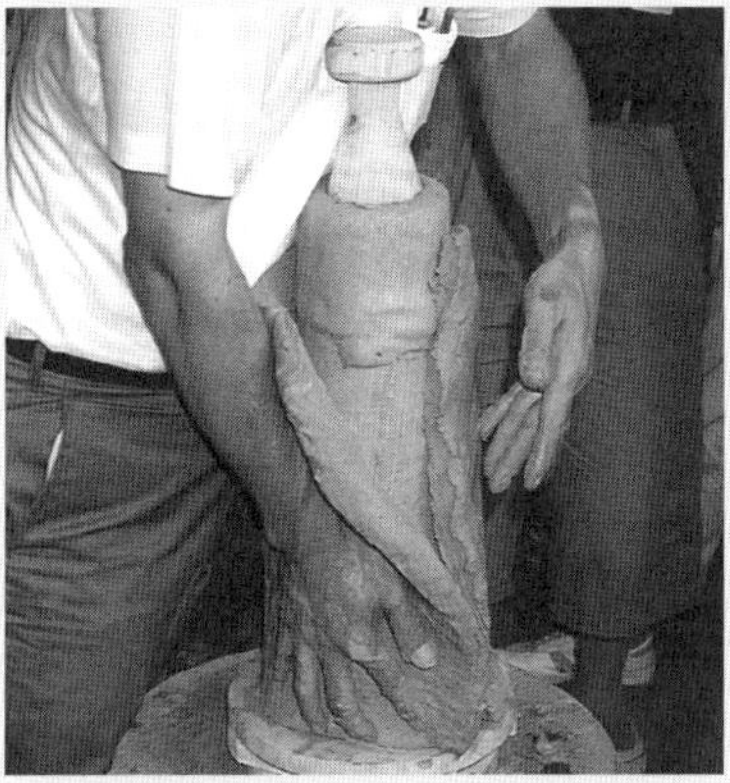

③タタラから切り出した板粘土を麻布袋の上から模骨に巻きつける。

④ろくろを引いて玉縁をつくる。

⑤ろくろから取り外す。

⑥成型された丸瓦から模骨と麻布袋を取り出す。

丸瓦の各部の名称

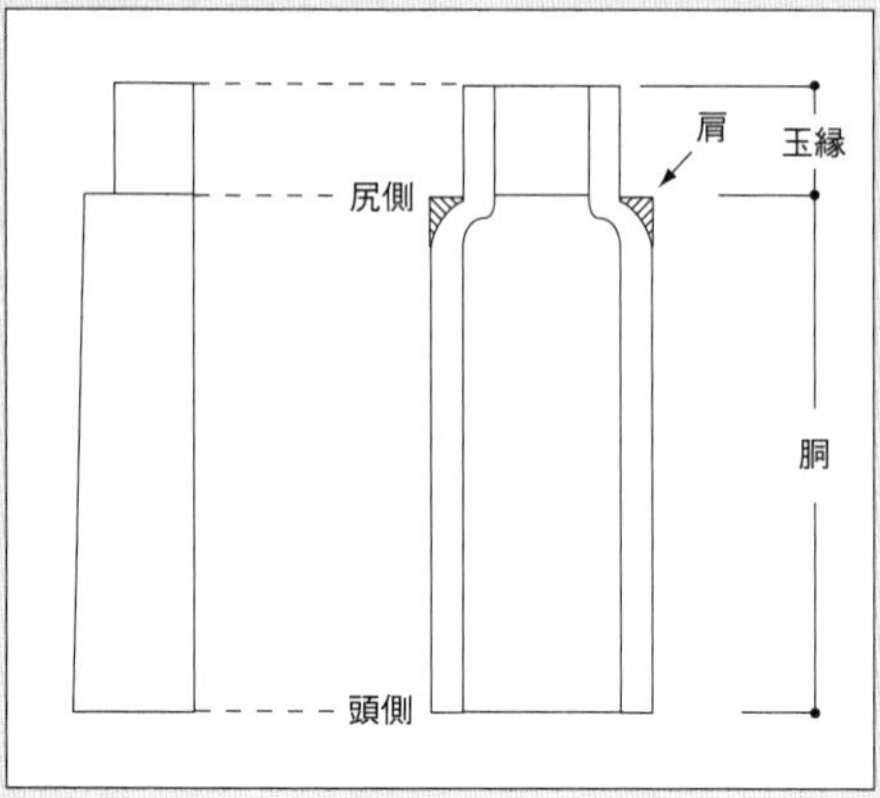

丸瓦の移り変わり

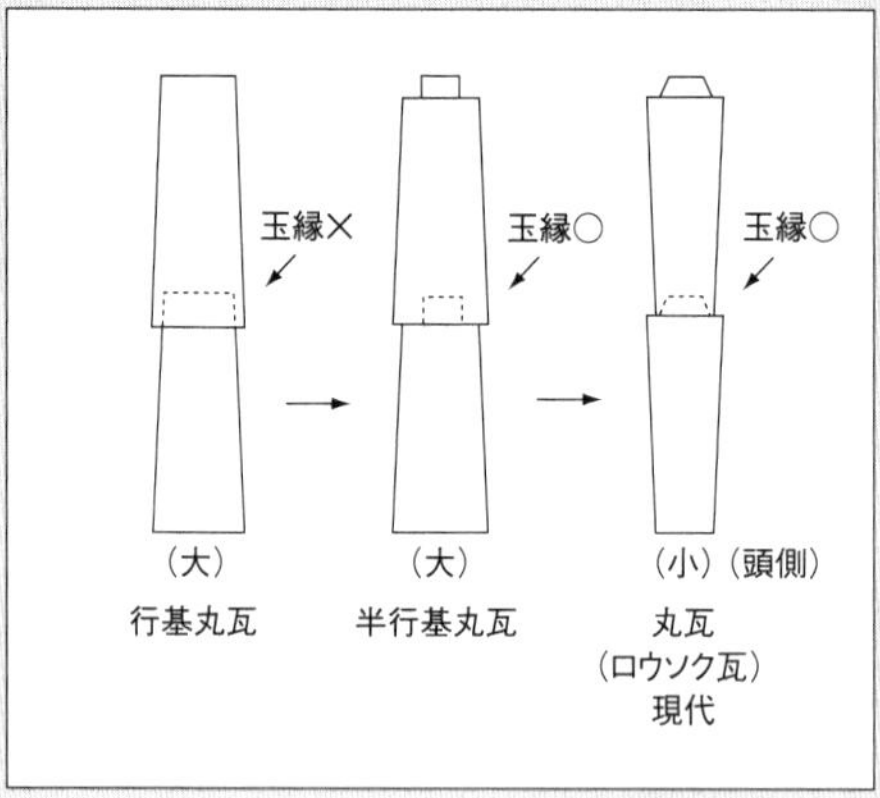

桟瓦の移り変わり

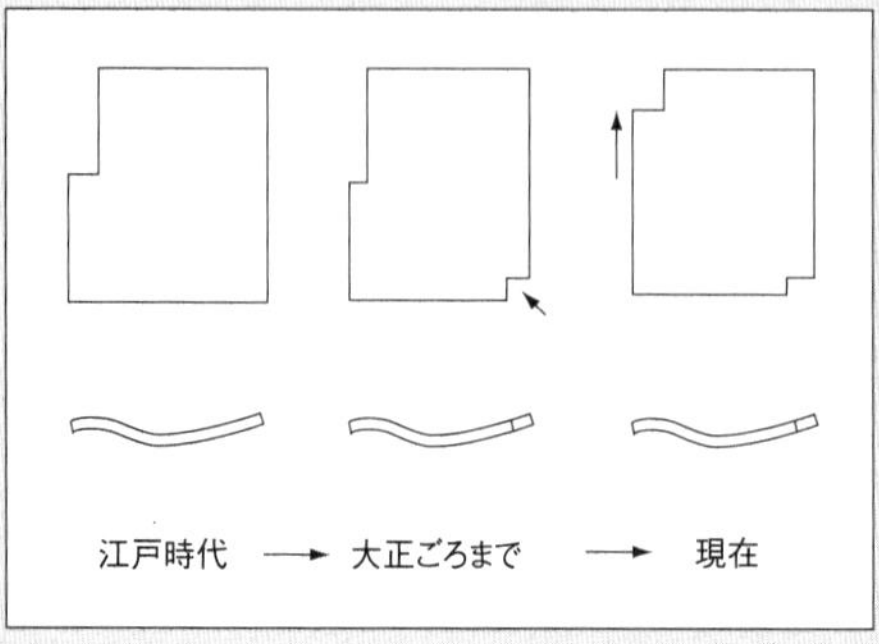

→ は移り変わりを示す。

平安時代になりますと、玉縁に勾配がつきます。

平瓦のときに、瓦が粗末になったという話をしましたが、丸瓦も厚かったり不揃《ふぞろ》いだったり、雑な感じがしますな。

鎌倉時代に入りますと、全体が多少細長くなり、厚みが少し増しますな。それで頭の内側を面取りして葺きやすくしています。表面の仕上げも、多少ですが、手を入れてますな。

室町時代になると、洗練されたすばらしい丸瓦がたくさん出てきます。

それで、内側に布袋に三分《ぶ》ぐらいの太さの縄を縫いつけた跡があります。これは瓦が分厚くなったことと関係があるんです。粘土が重いと、型から抜くために引っ張ったとき、袋だけがぼそっと抜けてしまうことがあるんです。これを防ぐのと、布にさらに粘土を密着させるために縄がつけられたんですな。

話が前後しますが、鎌倉時代にも一分ほどの縄で同じものがつけられています。その痕跡が横方向に二、三筋残ってるんです。この縄の太さの差は、布袋の素材が麻から木綿に変わったためですわ。

木綿は織り目が細かく粘土がくっつきにくいので、重い瓦には布袋に縄を縫いつけた痕が見られます。これから以後、年代が降っても、大きく重い瓦には必ずこの方法を適用してます。

丸瓦には先にもいいましたが、玉縁のない丸瓦がありますのや。胴の頭が尻より太く、つぎつぎに重ねて葺くことができる瓦です。「行基瓦《ぎょうきがわら》」といいますな。

天平年間に行基という人が考案したということで、こう呼ばれているんですが、実際にはそれ以前からこの形の瓦はあるんです。

この行基瓦というのは玉縁がないからつくりやすいのと、割れても修繕《しゅうぜん》が楽なんです。けれども実際に葺きますと、きれいに並ばないし、ひっかかりがないから滑り落ちやすいんです。それで考えられたのか、玉縁つきと行基瓦の中間の「半行基瓦」というのもあります。行基瓦は元興寺《がんごうじ》の極楽坊《ごくらくぼう》や禅室の屋根に、いまも残っていますし、半行基瓦は平安から室町時代にかけての建物に多少残っていますな。

玉縁のついた丸瓦の話に戻りますが、室町時代後期からは胴が蠟燭《ろうそく》のような尻よりも頭のほうが細い形に変化しました。以前の丸瓦と逆の形ですわ。こうしましたら、葺いたときに丸瓦同士の継ぎ手が見えなくなり、通りがスカッと一本の筋に見えるんです。

この形状の丸瓦が現在まで続いているんです。

昔の瓦のもともとの色と艶

一番最初に日本に入ってきたときの瓦は、博物館で見るように色艶のないものであったかどうか、あまりにも年数がたっているからわからんのです。全然使用してない新しい瓦、屋根にものせていない瓦が残っていたら、どんな焼き方をしたかということがわかるんですけどね。千年も千三百年もたっとるし、しかも屋根にのっかっとったら、そう簡単にはわかりませんわ。いまの瓦でも五十年たったら、色などは変化していきますからな。

わしは古い瓦を焼いた最初の窯が、どんな焚き方をしたのかというところまで、探《さぐ》りを入れとるんです。焼きは須恵器《すえき》が変化した、そういうようなものになっていたんとちがうかなと思いますわ。日本でも白鳳、天平のころにも釉薬瓦《ゆうやくがわら》があったことが発掘品として出ています。平城京でも釉薬のかかった瓦が出土されています。平安はきらびやかな時代ということから、平安神宮でも青い瓦をのせたんやな。ところが寒さでみな凍害《とうがい》にあうから、日本ではなかなか残らんかった。

中国の場合は、いろいろな土があるから、黄色い瓦でも釉薬を使うんやなくて、土に含まれた鉄分によって変化して、ああいう色になるんです。素焼きで真っ赤になったり、黄色くなったり、いろいろな色が出るんですよ。中国の大きな建物は釉薬をかけずに焼きでカバーできる。そういう成分の粘土があるんですな。

瓦を焼く窯《かま》のはなし

いまの瓦を焼く窯《かま》は、昔の窯よりはずっと焼きやすいですよ。

こんどの唐招提寺の鴟尾《しび》を焼いたのは、ガスを使って温度調節ができる窯です。工場のわきに試しにつくった白鳳時代の登窯《のぼりがま》で、こんどの鴟尾も焼こうかと思うとったけども、そこまでの自信もまだなかったしね。この登窯は、平瓦を一度で八百枚ぐらい焼けるんですよ。

薪は温度さえ上がれば何を焚いてもいいんです。松に限らんです。ただ温度の上げ方が難しいんですな。ガスや重油で焼くときはいろいろ調整して、きっちり温度管理ができますが、薪は燃やし方が難しいですわ。燃えたり燃えなんだり、徐々に温度を上げるにしても、ここで一気に上げたいと思っても、うまくいかなかったりしますからな。

焼物を焼いている登窯と、瓦の窯とはまた違います。焼物を焼く窯は、室が何個か順々に連結して登っていきますが、瓦の窯は下から上まで一つの室です。陶器を焼く窯はいくつか室があっても一つずつ焚き上げていって、密閉せんでもいけますけどな、瓦の窯は焚き終わったら一回密閉せんとあきませんのや。陶器の窯よりは炭焼きのやり方に似てます。最後は煙道をうんと絞ってしまうんです。

温度はやはり一二〇〇度ぐらいまで上げますが、それも粘土によりますな。粘土の耐火度がどれだけあるか、地域的にみな粘土の耐火度も違いますからな。

日本中でも各地でずいぶん違いますよ。やっぱり火山灰を使うところはうんと耐火度が低いし、奈良県でも、場所によって相当開きがありますね。

焚き方によっても火のまわりが違います。窯の中全体が同じ温度になりませんからね。瓦を置く場所や、煙のまわり方によって瓦に焼きムラが出たり、色が変わったり、バラつきが出るのやけども、そういう瓦で葺きあげると、屋根に彩《いろど》りというか、趣《おもむ》きを添えるんです。昔の屋根は、そういうさまざまな色合いをうまく組み合わせて、趣きのある屋根にしたんやないかと思うてますんや。

文化財で、瓦をその時代の姿に復元するときが来ましたら、登窯を使った瓦で焼いてみようと思って、古代瓦の桶を使った瓦のつくり方と一緒に、焼き方の研究もしています。

窯の歴史ですが、瓦を焼く一番古いのは穴窯《あながま》というて、山の斜面を利用してトンネル状にくり抜いたものです。傾斜は三〇度ぐらいのものでした。

その後、斜面を掘り下げて天井だけを別につくった半地下式になりました。両方とも、いまも窯跡が残っていますわ。登窯は火が斜面を登っていきよるからね、煙も熱も上がりやすいんですな。

その後になりますと、地上に築いた平窯《ひらがま》です。この窯は、燃料が薪から石炭、重油、ガスと変わることによって、そのつど変化してきましたが、奈良時代から昭和三十年ごろまで続きました。窯によってそれぞれ温度や焼き方が違うから、できる瓦もみな違います。

瓦を焼く窯は、昔は材料の粘土と水と燃料、この三つが揃う地形でないと、瓦を焼くことができまへんでした。それであとは出来上がった瓦の運搬に便利なところですな。川が近いとか港が近いとか。瓦は重いですし、大量に運ばなならんから、そういうところに窯を築いていますが、そのなかでも一番主になるのは土ですな。どうしてもいい土のところへ窯を持っていくということになりますな。

どのように瓦を止めていたのか

昔は瓦の大きさを、どこから割り出したんやろかと考えますと、化粧垂木《けしょうたるき》の間隔に合わせてたんだろうと思います。垂木のピッチが平瓦のピッチ。それが瓦割《かわらわ》りの基本でしょう。そうやって、この屋根にはこれぐらいの間隔で並べるから何枚の瓦が必要や、というふうに計算したんでしょうな。

飛鳥時代の軒丸瓦には、割《わ》り箸《ばし》よりちょっと太めの穴があいたのが、たまにあります。棟《むね》の端《はし》を飾る瓦（鬼瓦）や隅木《すみぎ》の雨よけに使われた隅木蓋にも穴がありますが、それ以外の瓦には、まったく穴がありません。穴のあいた瓦がまったくないので、どないして瓦を止めていたかということになりますな。

実はこの状態は平安時代まで続いているのです。その間、いまの中国や朝鮮の建物のように、漆喰《しっくい》を塗ってもたせていたんやないでしょうかね。穴も何もない。ただ屋根にのっけているだけです。それしかないですわ。屋根の形状、勾配が緩《ゆる》かったから、瓦を止めんでも落ちなかったんかなあ。瓦は現在のような勾配では、止めてなければすぐ落ちてしまいますわ。でも勾配を緩くすると雨が漏りやすいんですな。雨がすっと流れないからね。

瓦の下の葺き土は雨水を防ぐ役目をしていたと思うんやけど、あんまりたくさん置いたら、建物がもたんやろうしなあ。中国とか朝鮮では小屋の上に土をのせて草を生やす建物がありますな。あちらではいまだにそういうことをやっているところがありますけれども、日本は雨と湿度が多いもんやから、同じようなことをしたら、とてももちませんわ。すぐ腐ってしまいます。

白鳳の瓦を見ても、きつい屋根の勾配は無理ですわ。軒先のほうが、とくに緩やかになっていたと思います。「へ」の字のような反りでやったんとちがうかなあと。

まあ、帽子のつばのように屋根《やね》勾配《こうばい》(流れ面)が途中で一段下がり、全体として二段になっている錣《しころ》葺《ぶ》きの建物なんかやったら、上は勾配はきついけど下のほうはうんと緩いんです。それでは雨が漏りやすいけども、止めてない瓦やったら、そのくらいの勾配でなかったら、ずり落ちてしまいますわ。そういうことを考えましたら、勾配は三寸五分か四寸ぐらいでしょうね。

鬼瓦とかそういうものには穴があいていて、鉄の釘が打ってあります。眉間《みけん》からでもバーンバンと打ってあるんです。けれどもその釘が錆《さ》び、膨脹《ぼうちょう》して鬼瓦が割れてしもうてますな。その錆がこびりついて剝《は》がれんやつも発掘されて出てきますよ。釘で止めたらそういうことが起きます。

雨が漏らないようにするには、平瓦の重ね幅（葺《ふ》き足《あし》）を細かくして重ねれば重ねるほどいいんですが、あんまり重ねると、逆に勾配がなくなってしまいます。やっぱり三枚重ねぐらいやったやろうな。まあ、平瓦の半分よりもちょっとよけいめに重ねる程度やろうな。発掘した瓦を見ますと、その重ねの痕が残ってるものもありますんや。長いあいだ風雨に曝《さら》されておるから、ここまで重なっていたなというのがわかるんです。

それで軒先になると、勾配を戻すために最初は平瓦を三枚ぐらい重ねて葺いたんやと思いますな。

歴史的な発明としても、先にも述べました軒の先に使う軒唐草瓦（軒平瓦）の紋様にも、時代時代の変化がありますんや。平瓦の軒に出る面に筋紋様をつけたようなものがありま す。これは軒先に平瓦を三枚重ねて葺いていた時代の名残りやと思っています。この線が二重《にじゆう》、三重、四重、五重と円弧状《えんこじよう》の紋様になっていくんです。それが、重弧紋様瓦《じゆうこもんようがわら》の始まりかなと。もし朝鮮から最初に軒先専用の瓦が入っていたら、こういう発達のしかたはなかったと思うんです。飛鳥時代の中国や朝鮮の古い建物には、軒に唐草はないんですよ。

軒唐草瓦は軒先の飾りの役目だけやなくて、大風でも瓦が飛ぶのを防ぐために、初期のものは楔形《くさびがた》になっとって、勾配を戻すようにもなっているんです。飛鳥時代の軒丸瓦にしても、ほんま薄っぺらいから、風でよう飛んでしもうたんとちがうかと思いまっせ。白鳳時代には分厚いもんが出てきてますから、飛ばんように、そうしたんやろうな。天平にかけては軒丸瓦の、紋様の施《ほどこ》してある瓦当《がとう》部分の厚みがそれまでの二倍以上もあるものが残っています。

法隆寺の金堂の忍冬唐草瓦《にんどうからくさがわら》やったら一五キロと大きく、重たいです。これもやっぱり風対策やろうなあ。

軒平瓦にしても裏側に進化の痕がありますのや。初めは裏に顎《あご》がなく、平坦なんです。それやと軒に流れてきた雨が瓦の裏側へまわります。最初は雨水がまわるぐらいは、何とも思うていなかったんとちがうんかなあ。それが白鳳時代になると少し顎がつくられ、雨の浸入を防ぐようになり、平安、鎌倉、室町と時代が下ってくると、それをちゃんと意識して顎をつくって、いまの唐草瓦のような形が完成します。

話が少しそれましたが、瓦を釘で止めるというのは、鎌倉時代、一気に大改革しています。瓦を釘止めし、ずらないようにする一方、瓦自身も同じように工夫されたものがつくられています。そして建物も瓦の重さに耐えられるよう頑丈なものに変化しています。

まあ、こんなふうに葺き方やつくり方、屋根の形を推測しとるんですが、しかし、現在までにあまりにも年月がたちすぎていて、飛鳥時代の様子を確実に知ることができる屋根というのはないです。瓦だけがたまたま生き残っているだけですから。それに発掘される瓦もとんでもなく変わった瓦が出てきます。どこに葺いてあったか、どこに使用していたのか、まったくわからん瓦もあるんです。まだまだわからんことばかりですわ。

瓦を葺く職人のことですが、いまは分業化されてますが、わしは瓦をつくった人が自分で屋根も葺いたと思っています。そうでなければ葺けないということはないけれども、瓦を葺いている人やないと、鎌倉時代のような瓦はつくれません。実際に、屋根でどういうふうに納まるかがわかった人でないと、あそこまでの瓦はできまへんなあ。

難しい古代瓦の復元

原点に戻って、古い瓦を復元してみようとか、登窯をつくろうとかというのは、前から考えておったんですが、簡単にできへんことばっかりやった。昔の人はどうやって瓦をつくったのかを考え込んだら、なんぼ時間があっても結論が出ん。初めは親方の井上さんがやっておったんですが、やっぱりできへんと放ったらかしになっとった。わしも気にもなっておったし、やったるわいと思うとったけれども、いつになってもできまへんのや。それで十年以上、放ってあったんとちゃうかなあ。親方がやってもわからへんのやから、わしがやろうと思ってもそう簡単にいけるもんではないわな。瓦を見て、どんな道具でつくったんやろうかと思うのやけど、実際にやってみなければわからないことばかりや。
こういうものを新しくつくってみろというんなら、それなりのつくり方は考えられるかもしれないけれども、昔の人がどうやったかを再現するとなると話が違いますもん。学者がみないろいろ研究しとるけど、はたしてそれが正解か疑問に思うときがありますな。

親方も桶巻で瓦をつくって、その平瓦を実際に屋根に葺こうとしたんやけど、まずその桶ができへんかった。凧糸《たこいと》で板きれをまとめるだけやったから、グニャグニャで、桶自体が立ちへんから、粘土を巻くことができなかったんです。それに、瓦屋からもらってきた、真空土練機で捏《こ》ねた固い板状の粘土やったから、桶巻にはどうにもなりませんでした。足で踏んで捏ねた粘土でやらなかったら無理やった。まずは基本ができていなかったんです。言うは易し、行うは難しで、結局、十年以上放ったらかしでした。

桶はたがが入ってこそしっかりするけど、瓦づくりの桶はたがなしやからね。なのに桶はしっかり立っておって、その後、簡単に桶をたたんで抜き取り、粘土だけが形のまま残らなならんのやが、これをどうすればいいか。文献には、「粘土をはりつける」、この程度しか書いてないんです。

飛鳥時代の桶は、板をいくつか寄せ集めて編んであるというのは、瓦の痕を見ればわかるんですわ。痕跡《こんせき》を見るとその板の止め方がいろいろあるんやが、しかし、どうやって桶をつくったのかわからん。またなかには、あのころはそういう板かてあらへんぞという人もおるんです。しかし、そうバカにしたもんやないことが、実際に自分たちでやってみたらようわかりますのや。飛鳥時代でも、文化も知恵も進むものは進んどります。現に飛鳥時代には、もうあれだけの建物や都ができとるのやからね。

親方が復元の研究をするようになったきっかけは、法隆寺の保存修理のときでした。瓦研究の第一人者である森郁夫さんたちが古代瓦の復元をやりだしとるという話を聞いて、そのときの監督だった岡田宗治さんと親方で、昔のやり方で瓦のつくり方を勉強しようと意気込んだんです。

岡田さんと親方とわしで、森さんたちのところに行ってみました。まあ、いろんな瓦のつくり方を調べてありましたし、研究所やから、桶にかぶせた麻の繊維ばっかし調べている人とか、いろんな人がおりましたが、わしらが想像していたところまではたどり着いていませんでした。それでも、そこでそれぞれの分野の人から知恵を貸してもろうたり、文献を探してもろうたり、研究成果を吸収させてもらいました。

古代瓦の復元はそんな短時間でできるもんとは違います。それで親方は復元の研究をしていましたな。

親方は瓦を葺く専門家やったが、瓦をつくる技術はなかった。どんな粘土で瓦をつくるかということも知らへんかった。親方のころは古代瓦の復元というても、まだ幼稚園の作品みたいなもんや。それもしゃあないんです。あのときまでは、誰もやったことがなかったんですからな。誰もやらなかったことを親方はやっとったんです。

ところが親方は病気になってしまった。親方の家を訪ねたときに、桶と丸瓦の木型が置いてありました。それを工場に持ち帰って、見るたびに、せなあかんと思いながら、五年以上放ったらかしだったんです。そうしたときに、橿原考古学研究所の菅屋先生から小・中学校の教師の夏期講習会で瓦づくりをやってもらえませんかという依頼がありましてな。

それが再出発のきっかけとなり、わしは病みつきになってしもうたんです。

それでまあ、半年ぐらいかかって謎も解けてきて、瓦がつくれるような道具ができました。実際に自分でやってみると、少しずつわかっていくんですわ。古代製法も、文献に書いてあることと実際とは、違うこともようありましたよ。つくってみて、復元してみて、初めて製作の過程がようわかりましたわ。

それで実際に桶に巻いて平瓦をつくり、徳利形《とつくりがた》の木型に巻いて丸瓦をつくって、一度焼いてみたら、昔と似た瓦が出来上がったんです。飛鳥から白鳳、天平時代など、みんなつくり方も比べてありまっせ。研究用として撮った写真を添付して結果を発表したいが、もうそれまで命がないんとちがうかな。なにしろ、古代の瓦づくりはこうやと思うても、それとはまた違う瓦が出土してくるしな。

研究者は自分らの担当した分野の研究結果を発表すればいいんやが、わしらは実際の瓦はこういうつくり方をして、屋根に葺いていましたと、立証してみせなならんから苦労しとるんです。つくって実際に屋根にのせて、それが長年もたなならんからな。原点に戻り、昔ながらのやり方で粘土を捏ね、形をつくって、焼いて、屋根を葺く。これを、ぜひやってみたいんですわ。それこそ文化財のほんまの復元やからな。

それにしても、昔はどんな道具を使って瓦をつくっていたのか、調べてもなかなかわからないことがたくさんあります。たとえば、タタラから粘土板を切り出すんですが、その道具は当時、たぶん紐《ひも》ですわ。この紐ひとつでも、何でつくられとったのかわからんのです。近世には針金で引いていますが、飛鳥時代に針金はありませんしな。麻か苧麻か、もっと別のものか。太すぎたら抵抗があって引かれへん。そやから細くて強い繊維でないとあきまへんしな。飛鳥のころは、麻やないかなと思うのやけども。弓の弦なんかはツルウメモドキという蔓《つる》の皮でやったという説もあるんです。もう一つは、琴などの楽器に使われているクジラのヒゲも丈夫やと。そやけど、そんなもん瓦の道具にはもったいのうて使われまへんやろうしな。

瓦の切り口を見ると、かなり硬いもんで撚《よ》りのかかった痕がきっちり残っているんですわ。何かを撚《よ》ってつくったんですな。実際、山へツルウメモドキを探しに行ったり、さまざまなことをしましたけど、ものになりませんでしたな。

同じように桶に掛ける布ひとつでも試行錯誤しました。いまの糸は撚《よ》りがほとんどかかっていないし、土の付着が悪くて使いものになりません。ここにある布は、山田さんという奈良県の文化財の元主幹が苧麻を柳生《やぎゅう》で栽培して、その皮を剝いで糸にしたものです。機織《はたお》りの道具や筬《おさ》もつくって、実際に織ってくれましたんや。織物にし、それで袋をつくって桶にかぶせるんです。布も材料から復元してますんや。どれも手間とお金がたくさんかかるものばかりです。

桶かて、紐で編むのにかがり方があってね。朝鮮の古代瓦の研究者の本には、さまざまなかがり方があったと書いてありますわ。

桶に粘土を巻きつけたあとを板で叩くんですが、叩き方にも「縦叩き」と「横叩き」とありますし、後になると縄を板に巻いて叩いたりしていますが、その巻き方や縄の太さもさまざまあるんです。

先にタタラの話をしましたが、タタラをつくるにしても、いまの真空土練機で使う土を足で踏んだって粘りが出まへんのや。したがって材料からまったく違うんです。土練機で捏《こ》ねた土を持ってきて桶に巻きつけてもだめなんです。板状にした粘土を、桶に巻いてももたへん。すぐにバラバラになる。そうしたら、どんな土で、どのようにやったのか、復元の根本から違ってくるんですわ。

実際にこうして研究し、試してみて、それなりにわかってきましたので、こうした方法で瓦を復元し、平城宮跡の朱雀門を葺いてみようという運びになっとったんやが、担当の

建築技師の人から、

「朱雀門は玩具《おもちゃ》やない、これは遊びやない」

といわれて結局できなかったんです。そやけど、誰かがそういうことをやらんとね。学者がやったという研究と、わしら瓦屋が実際にやるのとでは違いますんや。やり方がわかればいいだけやなく、それを復元しながら実際に熟練し、技にして葺くというところまでやらな、復元じゃないと思います。実際にやってみると、学者の研究とは違うことがたくさん出てきます。ぜひ、そうした瓦をつくって実際の建物に葺いてみたいものですな。

第八章　唐招提寺金堂の鴟尾の復元

西は天平、東は鎌倉時代の鴟尾《しび》

唐招提寺《とうしょうだいじ》の金堂は平成の大修理のために、いまは見てもらえまへんが（平成二十一年完成予定）、あそこの大棟《おおむね》の両端に鴟尾《しび》がのっていました。西の鴟尾は天平時代の創建当時のもので国宝ですし、東のは鎌倉時代に修理したときにつくられたものです。こんどの解体修理の後には二つとも新しくつくった平成の鴟尾をのせることになっています。その鴟尾の製作は入札で決まったんですが、わしとこが落札し、つくらさせてもらいました。

鴟尾は飛鳥・奈良時代から重要な建物の棟にのせられていました。出土品にもその一部が出てきています。鴟尾は魚やという人もあるし、鳥という説もあります。わしは鳥やと思っています。

さまざまな鴟尾

唐招提寺（西）天平時代創建時

唐招提寺（東）鎌倉時代

朱雀門（平城京跡）

法輪寺

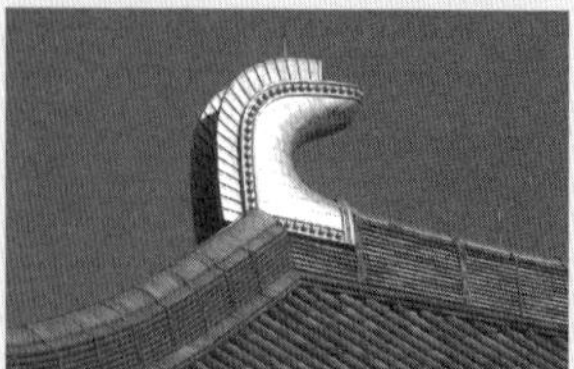
東大寺大仏殿

薬師寺

鴟尾の移り変わり

奈良文化財研究所『日本古代の鴟尾』より。

飛鳥寺復元図（飛鳥時代）

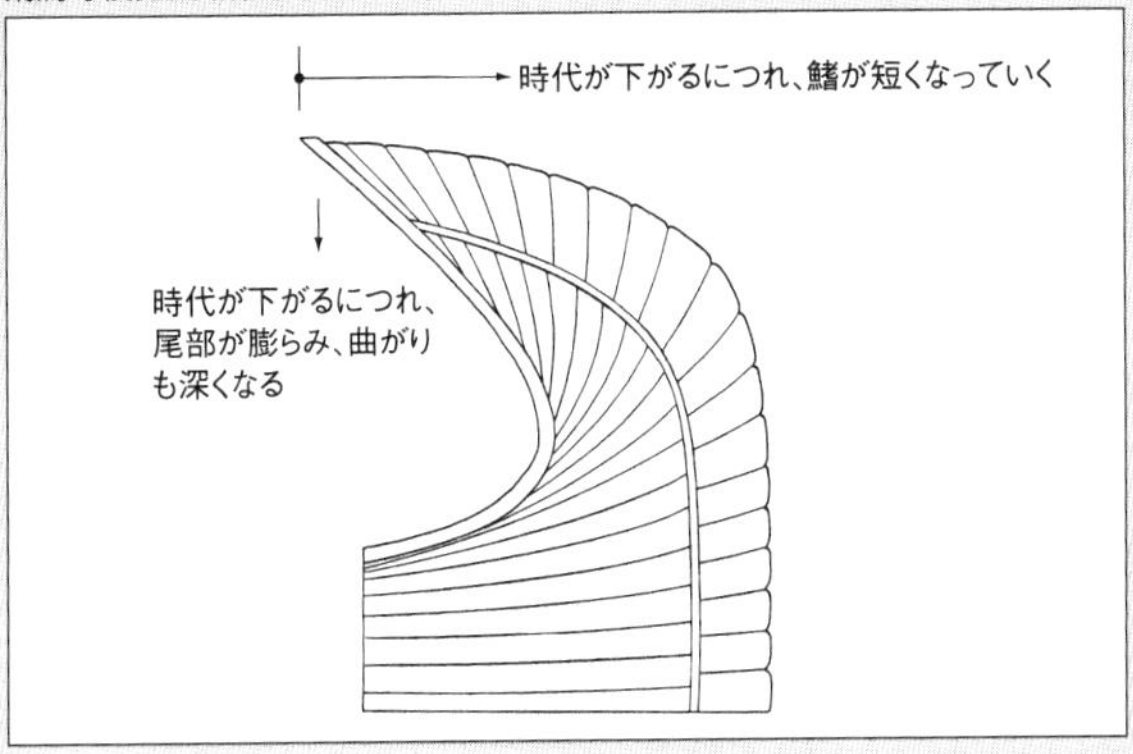

唐招提寺金堂（天平時代）

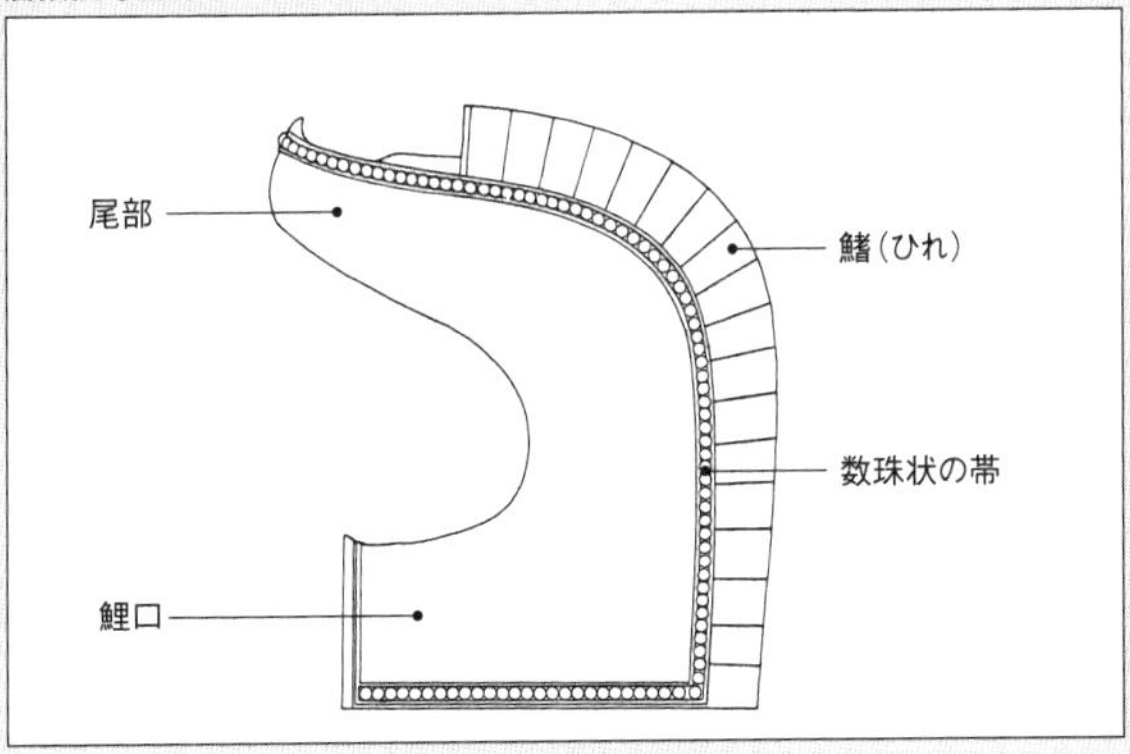

上庄田瓦窯跡出土鴟尾復元図（平安時代）

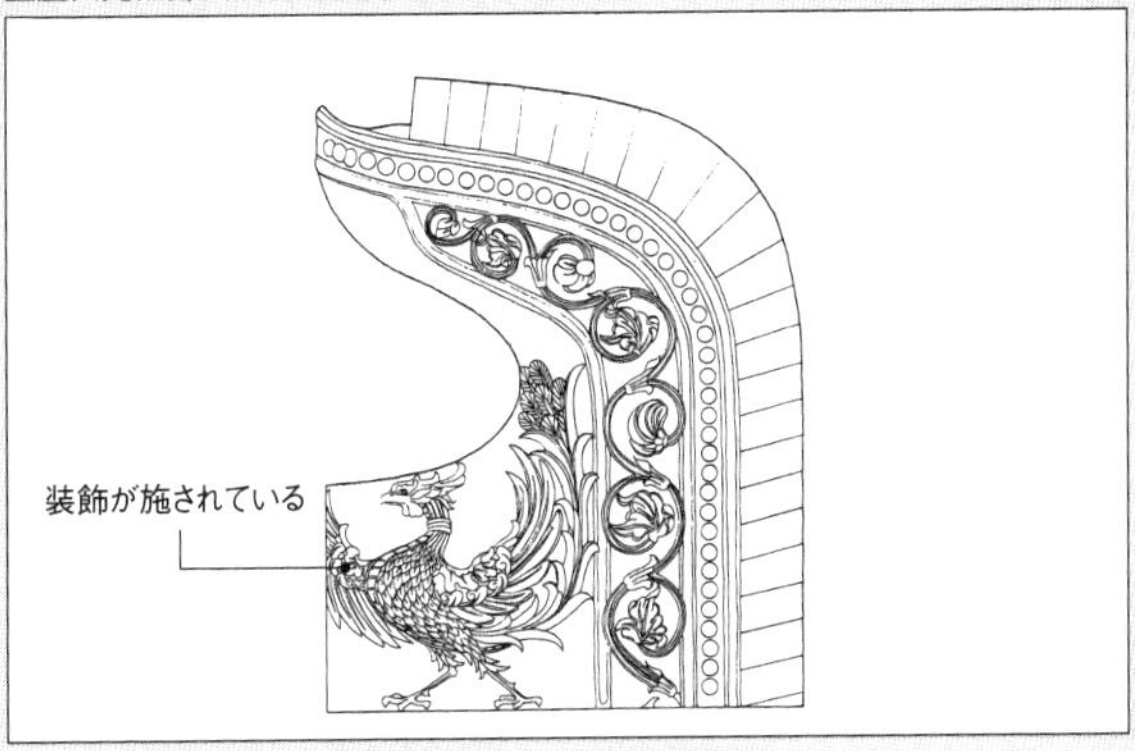

唐招提寺金堂の屋根の解体修理

唐招提寺金堂の屋根の解体修理は平成十三（二〇〇一）年から始まり、平成二十一（二〇〇九）年完成の予定である。

①素屋根をかぶった修理前の金堂。

②大棟を解体する。

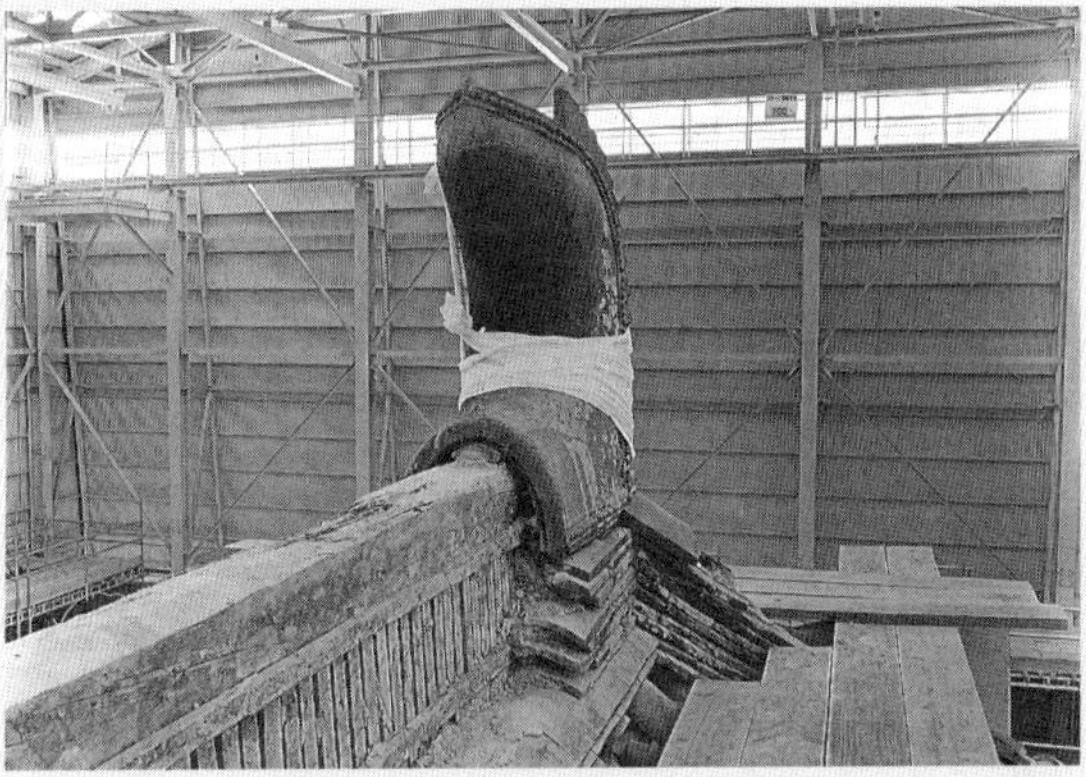
③金堂の西側に取りつけられた天平時代創建当初の鴟尾。

④鴟尾を降ろした後の大棟の下地。

⑤隅棟解体後、瓦降ろし作業。

⑥　⑤と同様、瓦降ろし作業。

⑦使える瓦、使えない瓦を選別する。

⑧千年は持たす意気込みで製作された平成の鴟尾。

屋根のてっぺんに位置する大棟《おおむね》は両端が反《そ》り上がって、天に向かっていますが、鴟尾は魔除けや大棟の反りを、より強調する目的もあったんやないですかな。法輪寺《ほうりんじ》の鴟尾の胴の部分にある空に向かう平行の線はその表現やないかといわれていますわ。

最古の鴟尾は飛鳥寺のもので発掘品ですが、屋根の上にのって残っておった最古の鴟尾はこの唐招提寺のものです。世界でも現役でいままで残っているのは唐招提寺の鴟尾だけですわ。

飛鳥時代の鴟尾は、全体に羽根の紋様があります。そして鰭《ひれ》は先端まであります。法隆寺にある玉虫厨子《たまむしのずし》にのっている鴟尾は、後世そっくりに復元したものやといわれていますが、あれなんかを見ましたら、明らかに羽根の形やとわかりまっせ。しかし、何を雛形《ひながた》にしたのかはわかりませんがね。

白鳳時代になると、鰭が端までいかんと少し手前で途切れているものが出てきます。そして数珠状《じゅずじょう》の帯が出てきたり、装飾が多くなりますな。唐招提寺の鴟尾もこうした形ですわ。それから時代が移り変わるにつれ、鰭がだんだんとさらに短くなっていくんです。平安時代になりましたら宝相華文《ほうそうげもん》が出たり、鳳凰《ほうおう》を彫ったりしていますが、この時代を最後に鴟尾はつくられなくなるんです。それで中世以降は城郭建築が始まってから魚の形をした鯱《しゃち》になります。よくお城の天守閣にのっている鯱は魚です。

もう少し説明すると、初期の飛鳥時代の鴟尾は、だいたいがまっすぐに立っているような形が多いんです。尻尾の曲がりが少ないから、背丈があってもつくりやすいんですすな。時代がだんだん下ってくると、やはり腕を見せようと思うてか、難しいほうにいきますな。だんだんと尻尾のお尻のほうが膨《ふく》らんで、曲がりも深くなっていきます。それでもなかには、飛鳥のころに近いまっすぐなものもありますよ。大阪の四天王寺《してんのうじ》の鴟尾もまっすぐに近いですわな。ところが、唐招提寺が創建された天平ごろになってくると、だんだんつくりにくい、失敗の多い、難しいほうへ来るようになります。

鴟尾は右も左も同じもので、雄雌は、なしです。唐招提寺の天平の鴟尾は一つしかのっていなかったから、もう一つがどんなものだったか気になりますな。鎌倉時代に修理するときまではあったとわしは思うんやけど、屋根から降ろしたもう一つはどこにいったんやろうかな。二つとも一緒につくってうまく揃うたものができてあったのかどうか、わしはそれが知りたいんやけど、わかりませんのや。

鎌倉時代のものも、この唐招提寺の鴟尾、一つしかないです。鎌倉のは「寿王三郎」という名が彫ってあります。当時では瓦の第一人者やった人の作品ですわ。けども、まあ、だいぶ苦労の痕が出てますね。

鴟尾は、つくるのに非常に技術が必要で、難しい部類に入ります。内側は空洞で筒状になっていて、高く持ち上がり、そこから尻尾を曲げていかなならんのです。「コ」の字を、書き順を逆にして書くような感じですわ。軟らかな粘土で形づくっていくのは、地球の重力に反する話です。軟らかな粘土でつくりますから、横にも逆さまにもできないんです。その点、鬼瓦《おにがわら》はまだ楽です。鬼瓦も大きなものがあるけれども、寝かしたままでつくれますからね。うちでも東大寺の大きな鬼瓦をつくった話をしましたな。あれは大人の身長より大きくて、一回一枚の大きさでつくりあげたものを三分割して、焼き上げて組み合わせました。全体の重さが五〇〇キロほどありましたが、窯に入れるのでも屋根に運ぶのでも分割してありますからな。

けれども、鴟尾は立ったままの姿をそのままつくらなあかん。寝かしてつくるわけにいかへんし、分割してつくるわけにもいかん。粘土は乾燥して行く途中で、全部が同時に乾燥するわけやないしな。表面だけが収縮して内側が乾かないと、すぐに割れてしまいますわ。木の型とかそんなものもないんです。もしも、木型をつくるというたら、恐ろしいほど大きい木材でないとあきません。

鴟尾は空洞ですが、中国の秦の始皇帝の兵馬俑《へいばよう》とかああいうものも、中はみんな空洞です。あれはまたつくり方も違うやろけど、中国にはものすごいええ粘土があるからできるんですわな。朝鮮にしたかてそうですが、やっぱり中国は一番いい粘土があるのとちがいますか。日本はいい粘土が出たと思うたって、すぐなくなる。山や国土の規模が小さいからね。いい層が見つかったというても、ちょこっとしかない。スケールが全然違いますな。

西岡常一さん（法隆寺・薬師寺棟梁）が戦争中、中国に行って、磚《せん》や日干し煉瓦をつくるのを見てきたそうやが、揚子江の淀んだ土を捏ねもせずそのままで使ってますねんというてはったわ。それはもうええ土ばっかり淀んどる、日本ではそんなのはないですわな。あれやったら、水簸《すいひ》してあるようなもんや。日本の土や粘土はやっぱり中国や朝鮮に比べたら劣りますなあ。

失敗する確率九〇パーセントの鴟尾《しび》製作

唐招提寺の天平の鴟尾《しび》は、焼き上がりの寸法が高さ一・二メートル、基底部の長さ九〇センチ×幅五〇センチほどやから、粘土の段階では、重さは三〇〇キロほどになりますな。焼き上がった厚味がだいたい二寸（六センチ）やけども、均等ではないんや。厚いところと薄いところとがあります。文化財の復元やから、厚味までそっくり同じでなければならんのですから、えらいこっちゃ。薄いところは早う乾きよるし、高いところも早う乾く。今回の鴟尾が難しいというのは、国宝やから見本となる鴟尾は勝手に動かせんし、寸法や肉の厚味も決まっておるし、それを無傷で仕上げるということやから、正直な話、できへんと思っていましたわ。それに製作日数も納期も決められていましたしな。

鎌倉時代に名人がつくった鴟尾は、大きな焼き傷のあるまま屋根にのせてありました。あれは、かなりの手間と日にちをかけてつくっていますやろな。完成した一つだけをつくったのと違うて、いくつもやっているはずですわ。それなのに、大きな焼き傷のあるまま、屋根にのせなきゃならんぐらい難しいものですのや。

名人が名前まで彫り入れてあるのに、大きな焼き傷のあるもんをのせているんでっせ。「寿王三郎」というたら鎌倉時代の瓦の偉い権威者で、当時の日本で一番の名人や。それが、自分でつくったというて、篦《へら》書きまでちゃんと彫りこんでのせているんや。ふつうやったらそんなもん、のせませんやろ。それも後から傷が入ったのと違うんや。割れ口もみな焼き上がっていたからな。傷だけやなくひびもはいっとる。そやから、そっくりに鴟尾を復元するというのはそんな簡単なもんと違うんですわ。

わしは仕事は取ったけれども、内心、九〇パーセントは失敗するやろうと思っておりました。残りの一〇パーセントは勝算やなくて、望みや。それも、無傷というのは一〇パーセントもないやろうと思ってました。

まあ、うちもこれまでに鴟尾はようけつくっているから、その難しさも十分知っとる。でも、こんどのは、とくに尾の張りが大きい分だけ難しい。うちの工場長の鈴木には、親から習うた方法でつくれというて、唐招提寺のよりちょっと小さいけど、似通った鴟尾をつくらせてありました。それは成功していた。厚味も薄いし、つくり方も違うけども、まあ、できておりました。問題は厚味や。あの厚味では、百パーセント失敗する。形をつくりあげても、焼くときに窯でポーンというたら終《しま》いや。練った粘土のなかに空気が入っていると弾《はじ》けるし、乾燥が十分でなかったりすると、温度が一挙に上がったときにボーンと爆発してしまう。分厚いから一般的な焼成時間では熱が粘土の芯まで伝わらないんです。

瓦は乾燥と、焼きの段階で一三パーセント縮む。そのうえ、窯のなかで一二〇〇度まで温度が上がったら、瓦や鴟尾は元の粘土の状態のように軟らかくなって、変形して歪みます。窯の中でも硬いままなら心配せんのやが、窯の中で歪む。それもどう歪むか、わからんのや。

そりゃ、わしかて入札して仕事として取ったんやから、気持ちのどこかでできると思わないとやれまへんわ。現場の監督や学者は簡単にできると思うとる。体験してへん人はな。でも経験者は知っとるわ、無傷のものなんかはなかなかできへんと。実際に無傷に出来上がったように見えるものでも、焼けてから、ボンドとかいろいろ詰めて、ある程度ラッカーなんかで着色して仕上げているもんもようけありますわ。完璧なものはできないということは、みな知っとっても、いわへん。

大きな鬼瓦にしたかて、無傷で出来上がったものは、ほんまに少ないんでっせ。

鬼瓦をでっかいままでつくろうと思うたら、宇宙ロケットみたいな、重力や空気のないところへ持っていけば話は別やが、そうでなかったらできませんわ。鴟尾かてロケットの中でつくって乾燥させられれば、重力がないからいいかもしれんけども、そんなところでしよう思うたら、えらいこっちゃ。

この宇宙に行く時代に、千二百年前と同じものをつくるのにこんな苦労しとるのや。

なぜ鎌倉の鴟尾は失敗したのか

鎌倉時代の鴟尾に彫られた篦書《へらが》きには、「西方鮪《しび》作替之作者寿王三郎大夫正重」ってあるんです。西の鴟尾のつくり替えのために寿王三郎本人がつくったと書いてあるんや。しかし、実際には棟の東端にのっておった。完全にできたら西にのせるつもりであったという人もおるけれど、それもわからんな。途中で入れ替わったという人もおる。いろんな説があるんや。いずれにしろ成功したものやなかった。

大きなものを均一に乾燥させるというのは、なかなか難しいもんです。鎌倉の鴟尾でもそうやが、どうして傷ができるかというたら、一番の原因は乾燥の失敗や。そうにらんでおったから、その研究はずっとやっていました。鴟尾なんかでも、芯《しん》から一番先に乾いてきたら割れへんのです。そやから芯から先に水分が抜けたら、真ん中から縮んで、外側はそのまま残る。それなら無傷にあがるんです。しかし実際には、外側の上部の空気に触れているところから先に乾くから割れる。

外側を先に乾かしたらあかんから、濡《ぬ》らした雑巾をかけたり、ビニールで密閉したりするんですわ。材木でも乾燥させるのに、海水と真水がまざった池へ浸けて水中乾燥しますやろ。水の中へずっと木材を入れておいたら、水が浸みこんでいくんやなくて、逆に木の中の水分が出よるんや。何でかというたら木には樹脂がありますやろ。あれは、水温が上がってきたら水よりも比重が軽いから外へ出よる。そんで水の中で乾くのや。浸透圧《しんとうあつ》を利用するんです。それで同じことを鴟尾でもやってみようと思って、鴟尾のまわりをビニールで囲って密閉して、蒸気を出していく方法を考えたんや。

鎌倉時代の鴟尾は土も焼きも、いまとは違うけども、焼く技術は大したもんですわ。そのころに比べると、いまは窯で焼くのは楽ですわ。温度調節でも燃料でもなんとでもなりますからな。昔は薪をくべるから、火の調整が難しい。それをコントロールしてやっとるのやから、鎌倉時代の人はどないしよったのかなあと思いますな。

窯かてそうですわ。京都の桂川《かつらがわ》の北のほうで、窯の跡が三つ出てきましたけど、そこから鴟尾の断片も出てきましたんや。それも欠片《かけら》ばっかしです。失敗したんやな。窯も失敗の鴟尾ででけとった。それらを見ただけでも、いかに鴟尾は難しいかわかりますな。一つや二つの鴟尾とちごうて、そこからはいろんな鴟尾が出てきましたで。三十種類以上出てきました。それは平安時代の窯でした。あちこちから頼まれて焼いたんかな。そやけどみな失敗したもんや。それだけ成功する確率が少ないということですわ。

それにしても、寿王三郎の鴟尾は参考になりました。屋根から鴟尾が降ろされたあとに、鎌倉時代の鴟尾をレーザーみたいなもんで調べてましたから、ヒントになると思って何度も見にいきましたな。屋根にあったときには、鉄でつないであった割れたところも外して置いてありました。その補修は、鎌倉時代からやっとったんとちゃうかな。それ以上割れんようにと雨が入らんようにな。わしら実際につくるもんにしたら、天平の壊れていない鴟尾よりも、鎌倉の壊れた鴟尾のほうがお手本になりますのや。あれだけの名人がつくって、なぜ失敗したのか、そこにヒントがあるんですわ。

失敗作のひび割れの部分を見ると、ひびは形をつくっていく過程で入っているんですわ。乾燥がうまくいかなかったんやろかな。天平の鴟尾かて、ひびが入っとる。焼くまでに、何遍も補修しとる痕もありますんや。それで鯉が口をあけたような鯉口《こいぐち》のとこを塗りたくって覆《おお》いをしたり、いろんなことをしています。みな痕跡として残っておりますんや。そうした苦労の痕はみな参考になりましたわ。

三チーム、六人で挑んだ平成の鴟尾づくり

平成の唐招提寺の解体修理に伴う新しい鴟尾づくりは、仕事を取る前から、あれはうちの工場長の鈴木啓之と「瓦宇」の小林章男さんの二人に指導してもらって、若い者につくらそうと考えておったんです。章男さんは国の選定保存技術保持者（鬼師）に指定されて

おりますし、鈴木も文化財保護功労者や。まあ、いわば二人とも名人ですわ。しかし、二人がもし失敗したら、二人とも恥をかかんならん。そんなことはさせられませんわ。どんなことしてつくったたって、傷は出るのやから。鎌倉時代の偉い人がやってもあかんのやからね。そやから若い者にやらせたかったんです。

入札は四社か五社ぐらいやったな。それは安うせな、取れまへんわ。そやからお金のことを考えたら大損ですよ。わしは初めから「技術伝承のためにも、入札せんでもやれる方法で」というたんやけど、聞いてもらえなかった。それやったら自分で落札して、技術伝承のために各社の若い衆でつくったらええと思うた。

もし他社が落札しとったら、うちを呼んでくれたか、それはどうかわからへん。そやけど、わしは日本伝統瓦技術保存会の会長もやっているし、初めからそうしようと決めてあったんや。鴟尾づくりに参加するかせんか、それは向こうが決めればいい。みんなに諮《はか》ったら、やりたいというので参加してもらったんです。鴟尾づくりの段取りはうちでしましたけどな。実際につくったのは六人の職人や。

日本伝統瓦技術保存会は発足してから十年になります。そこでは、古い瓦のつくり方や葺き方、原寸図の書き方など、いろいろな研修会をやっとるんです。鴟尾をつくるのに参加した職人は、その会の研修生たちです。二人ずつ三チームつくり、三つの鴟尾をつくらせて、そのうちのうまくいった二つを納めることにしたんです。

それにしても今回は条件が厳しかったなあ。見本が天平の鴟尾や。これは国宝やから、見本というて借りて自分の工場に持って帰るわけにはいきません。そこで現場の大きな倉庫でつくることになったんです。平成十五（二〇〇三）年の二月十七日から始まりました。温度の変化も大きい時期やし、納期は三月いっぱい。それで少しでも温度変化を小さくし、風がはいらんようにするため、倉庫の中に三つテントをたて、ビニールカーテンで覆って製作場をこしらえたんです。

そういう厳しい条件のうえに、さらにテレビ局が完成までぴったし張りつくというんや。わしは真剣勝負せなあかんから、「中へは入れん」と反対してたんやが、お寺から勧進のためにも協力してほしいので、なんとかお願いしますといわれたからしゃあないしな。邪魔はせんという条件で、テレビがつきっきりで撮ったんです。わしは、ほんまいうたら、出来上がっても鴟尾はすぐ屋根にはのせへんのやから、マスコミがおらへんだら、とことん、ええものつくったろうと思うておった。納期は平成十五年三月末やけど、屋根にのせるのは工事の最後のほうで、まあ、平成十八年から十九年ごろやから時間はたっぷりあるしな。それで「納期に遅れてもええか」と聞いたら、県庁はすでに新聞でも発表しとるから無理やというんです。それで少しぐらいは傷があっても、とにかく形だけは出来上がるようにしよう、とにかくいっぺん納めてからも何度かつくり、その後、ええものと取り替えればいいと、そう覚悟を決めてかかったんです。今回の鴟尾づくりは、長い工程のなかの一つの勉強みたいなもんやと。

グループを三つつくったときに、結果的には、ベテラン、若手と中堅組になったけど、わざとそうしたのとは違うんですよ。あれはくじ引きや。

三つのグループをつくって競《きそ》わせようとしたんやないんでっせ。テントも倉庫の入り口からの位置によって、温度の変化や乾燥の具合が違うから、それもくじ引きで、どのテントを使うか決まったんです。入り口や窓に近いと、どうしても人の出入りや扉や窓の開け閉めで、温度や湿度、光なんかで環境が変わってくるから、どこになろうが文句はいわんように、くじ引きにしたんや。

姿づくりは、二人で一つのものをつくることにしたんやが、その後、乾燥するまでの一ヵ月近い間、それぞれにつきっきりで管理することはできまへん。それで、三つつくるが、誰がどれをつくったというのではなしに、全部の人間が何らかに関係し、みなで一つのものをつくる。そういうことで交代制で管理することにしたんです。誰もやったことがないことにめぐりあえた絶好のチャンスなんやから、できるだけ勝ち負けやなしにやったほうがいい。

それに、集まったのは経験も年齢もそれぞれ違うもんばっかりやけど、つくるのは一緒や。おたがい我《が》を出さず、仲よく、心をこめてつくってほしいしな。まあ、内心は不満もあったかもしらんが、誰も何もいわへんかったな。

三〇〇キロの鴟尾、三日で形をつくる

粘土で鴟尾の形をつくるのはそんなに難しいことはないんです。乾燥させ、それを育てて焼き上げるというのが大変なんや。人間も一緒ですわ。いかに「育てる」ということが難しいか。「子づくり」と「子育て」は違いますからな。器用なもんやったら、つくるのは誰でもできますが、それからが問題ですわ。ちょっとの間も油断できませんからな。ちょっとのことで失敗してしまうしな。

わしは、形を三日で完成させろといいました。三日で形をつくるというようなやり方、それまで誰もやったことないやろうなあ。ふつうの三倍ほどのスピードやからな。

その様子がテレビで放送されましたから見た人もあるでしょうが、小林平一さんの息子が、「一日二〇センチずつ以上は積むなって親父がいった」といってましたな。もう亡うなってしもうたけど、平一さんも国の選定保存技術保持者（鬼師）やった方です。鬼瓦も鴟尾もぎょうさんつくった人ですわ。それをわしが三日でやれというたもんだから、みんなが怪訝《けげん》な顔をしてましたな。

一刻一刻と時が経ち、乾きだすと、粘土は縮んでいきよる。縮んだものの上に新しく粘土をのせても、新しいところは同じようには縮まんのです。そうなったら何日かけたって

一緒や。そやから、全体を一気につくってから、同じように縮めたほうがいいと考えて、三日でというたんです。まあ、奇跡がおこらんことには無理なことやし、同じ失敗するんやったら思いきったことをせんとな。

三日でつくるのは、二人でやるんやから、なんぼ大きくたって楽なもんです。三尺あまりの鯱《しゃち》を、わし一人で一晩でつくったことがありました。三尺といったら九〇センチほどの背丈ですから、結構ありますよ。それは、今回の鴟尾のように厳格な条件やないし、雛《ひな》形《がた》を見て、だいたいの形をつくるだけやったし、ちょっとぐらいの寸法の誤差はかまへんかったものですけどな。それでも一晩でやった経験があったからいえたことです。それでも長いほうや。できるだけ早いことつくるほうがいい。それから全体を乾燥さしていく粗《あら》づくりだけは三日でやってしまえ、と。そうでないと、粘土の収縮が増してくる。三日のが一番ええんです。理屈ではそうやけど、やっぱり粘土は重いし、軟らかいから、だんだん上に荷重《かじゅう》がかかってくると、下のほうに負担がかかる。そやから下から徐々に乾燥させていかなあかんわな。なのに実際は、上から乾燥しよるからね。

しかも薄いところと厚いところとが、平均に乾くようにするという難しい条件も重なってくるんです。とにかく下は荷重が三〇〇キロ丸ごとかかるから、上から吊って負担を少なくするようにしたんやけども、吊りすぎたら、こんどは傷が入ってしまう。だからというて吊らずにやったら、重さで尾がうつむいてしまうからな。その加減が難しいんですわ。

どれぐらい乾燥さしたらちょうどいい寸法になるか計算するわけやが、ちょっとした環境の変化で変わってきますからな。三つ一緒にやっても考え通りにはいかんかったですな。使うた粘土は三つとも一緒のものです。土はこのぐらいの硬さがいい、少し粘りのある土にしようと何回も実験して事前に決めたものです。

土にも陰陽の関係があってな。「男土《おんつち》」、「女土《めんつち》」の関係なんです。「男土」は硬くて荒い土、「女土」は軟らかくて、きめの細かい土なんですわ。つくるものによって、男と女とをうまい具合にくっつけてやらなあきませんのや。そこがまた難しいところなんですわ。

予定通り三日で形をつくりあげ、乾燥させたのが一ヵ月。その間、鴟尾の状態は刻一刻と変化します。乾かすには、姿勢を変えてやらんとあかんしな。部分ごとに乾き方が違うから、できるだけ蒸気をまわして全体が同じように乾くようにしましたな。ほんまいうたら、鴟尾を傾けたらええのやけど、軟らかいし、重いから、ちょっと傾けただけで形が変わってしまう。下手に傾ければ自重《じじゅう》で潰《つぶ》れてしまいますわ。実際、ひびも割れも入りましたから、そのたびに補修しましたな。ずっとテレビカメラがおったけど、一度だけ出入り禁止やという紙を貼って補修しました。面会謝絶や。どうしてもひびがいっぱい入ってくるんですわ。それを失敗やというて報道されたらかなわんからな。

ひびが入ったのは、環境の変化が一番厳しいところでつくった鴟尾でした。入り口に近いから出入りするたびに風が入るし、近くに窓はあるし、光の影響が激しかったんや。それで鴟尾のバランスが崩れてしもうてな。その姿を見て、諦《あきら》めましたわ。そやけど、つくった二人は大手術をし、その後も一生懸命、手当てしてな。あのときは、息が吹き返るかどうかやった。そやけど、ふたたび息を吹き返しましたな。しかし、問題はそれからですわ。姿だけはなんとかなったけど、運び出して、焼いて窯の中からまともに出てくるか、どうか。

三つ生み落としたあとは、一ヵ月もの間、お守《も》りするのに、ずっと昼夜三交替、みなで三つとも育てました。えこひいきなしに、差別せんと、みな一心になってお守りしてましたわ。晩も寝んとな。わしも家におるよりも、鴟尾のところにおったほうが楽やった。いつ何が起こるかわからんしな。若い衆と一緒で、家に帰るときは風呂に入るくらいで、ほとんど現場の倉庫のなかにおりましたな。眠いときは、車のなかで仮眠さしてもろうてましたけどな。まあ、一日一日と状態が変わっていくんですわ。最後の最後のほうになってきたら、大きな傷が入ってくるんです。毎日毎日、みなで全部のお守りをしましたな。

乾燥が終わったものを、うちの工場に持っていったんです。そやけど、現場からうちの工場まで運び出すのがまたえらいこっちゃ。ここで壊れたら終《しま》いや。しかしこのときは、唐招提寺が日通に運搬を頼んでくれましてな。平成十五年三月二十日でした。

窯に入れるときには、二つはちゃんと立てて入れましたが、一つだけは横にしました。あれは大冒険やったな。

何で一つだけ横にしたかというたら、窯に入れる前の段階で五分《ぶ》しか縮《ちぢ》み代《しろ》があらへん。もう高さがいっぱいの寸法になっていたんです。計算より縮みすぎたんや。それを立てた状態で窯で焼いたら、重みと焼き縮みで背が足らんようになることはわかっておった。そやから一か八かの賭けでした。背を縮めんようにしようと思うたら、横にせなあきません。なんぼ計算してやってもそういう状態になることがあるんです。窯に入れてから、さらに六パーセントも縮んだら、もう使えない。初めからあかんものなら、横にして試してみようかということや。乾燥しているから横にできるかもしれんと思ってやってみたんです。

まあ、結果的には納められるものが出来上がり、納品しました。わしは、九〇パーセントは失敗かもしれんと思うたけども、そんなことといったら笑われるしな。

納品は、二つだけでしたが、みなが育ての親ですわ。みなが最善を尽くした魂の結晶です。テレビ局も、わしのことを「平成の非常識」なんてうまいことまとめてくれました。まあ、形は一応出来上がったんやけど、あれは奇跡みたいなもんですわ。

あれ以上のことは、あの状況ではできまへんわ。しかし、一人でも多くの職人が実際に体験したということが大事なんです。なかなかそういうチャンスはありませんからな。一人でも多くの職人に技術の伝承をしておかなあきまへん。

技術を磨き、伝えるという意味もあって、平成十七年八月現在、わしの次男の健二《けんじ》が工場で、鴟尾づくりに挑戦しています。十数個と数をこなしていくうちに、何か摑《つか》みとったんやろうな。誰に見られても恥ずかしくない、ええのが一つできましたな。さらにもう一つ、現在、挑戦中です。素地は無傷で上がるようになりましたから、あとは窯での勝負ですわ。

千年はもたそうと思って焼いとるのや

焼きによって見た目の風合いが変わるというのも、おもしろ味のあるものです。陶芸家は自分のつくった作品が火の力で変わっていくのを知っているから、なんか変わったものが焼けへんかなと思うとるところもありまっしゃろ。

しかし、わしらの仕事は予想と変わっては困るのや。瓦と陶芸家の焼物とは考え方が違うからな。瓦は焼き上がってから、屋根にのせ、さらにその屋根を長い年月もたせてなんぼや。なかには素人にわからんように、ごまかしをほどこして世に送り出すのもおる。誰も屋根の上まで上がってきいへんから、そんなこと知りまへんわな。けれども、後で修理をする人が見れば一目でわかる。誰にも恥じない、質のよい、長持ちする屋根をつくってなんぼというのが瓦屋であり、屋根屋や。

そう考えるわしもちょっと頑固すぎるんかなと思うけどもな。たまには間違うこともあるけど、間違うたら自分で責任を取るつもりでやってるんや。

唐招提寺の鴟尾をなんとか無事に完成させたんやが、あれにしても、これから百年も二百年もたってから結果の出るものや。どうなるか、だいたい予想はしているが、確実にはわからん。それを、わしらがつくったもんを、五、六十年しかもたんというとる無責任な瓦屋がおるそうじゃ。わしらは少なくとも千年はもつようにと思うてつくっているのに、何を根拠に五、六十年というんかね。アホな話や。

瓦も発掘されたものやとか、ちゃんとした瓦があるから、それらを見て、なんで飛鳥の瓦が長持ちしとるのかを考えて、いままでやってきたんや。いろいろ見たら、やっぱりよく焼いた瓦が残っとるんです。千三百年ももっている元興寺《がんごうじ》の極楽坊《ごくらくぼう》の瓦は、やっぱりうまいこと焼いてつくってありますわ。そうでないと、これだけの長い歳月、残りませんな。唐招提寺の天平の鴟尾も千二百年もってきたのやから、わしらのはもっともたさないかんと思うていますんや。これまで以上の技術でフォローしておけば、もっともたせられますからな。

鎌倉の鴟尾はいい土を使うて、うんと焼いています。そやから、風化作用はほとんどないし、そんな気配もない。そやけど、天平の鴟尾は、焼きが甘いからある程度風化している。よう焼けたほうが勝ちや。長くもたそうと思うたら、きちっと焼かなならんのです。鎌倉のは傷がいっとったかて、ちゃんと焼いてあるから残っておるんや。わしらがつくったものも、よう焼いてあります。そやから千年ぐらいはもつように思っとります。

鴟《し》尾《び》をのせる建物の条件

鴟《し》尾《び》は、屋根に簡単にのせられるものとは違うんです。屋根にもそれを受け入れる構造や棟の形、全体の構成というのが必要になるんです。そやから鴟尾がうまくいかなかったから鬼瓦にしようと、簡単に変えられるもんではないんです。

法隆寺の金堂には、もともと屋根にのせられていたのは、鴟尾やったか鬼瓦やったかという論争がありましたが、そのときわしも金堂修復工事には参加しておったけど、まだ若かったから関心がなかった。親方もあの論争には加わっていなかったんとちがうかなあ。当時、副棟梁だった西岡常一さんは、大工の立場から鴟尾だったといっていましたな。鴟尾の断片が出ていることと、棟の端のつくりが一段下げてあって、鴟尾がのるようにつくってあるから、鴟尾がのっていたんやと主張されていました。しかし、実際に鴟尾をのせるには、棟が折れていて、あの時点で修理するには時間がないから、鴟尾をのせられなかったというふうにもいうてましたなあ。

発掘で出た鴟尾の断片はものすごい分厚いもんで、あれを見たらでっかいものだったんやなと思いますよ。復元したものも見ましたけども、あんなものをのせようと思うたら、かなりの荷重がかかるし、丈夫な棟木がいりまっせ。

結局は、鬼瓦をのせましたが、西岡さんは、鴟尾の荷重をもたせるために破風《はふ》で突っぱるように考えていましたな。それ以外にも金堂は、鴟尾の荷重をかけてもいいように工夫してやっとるはずですわ。鴟尾をのせるということは、そう簡単にはいきまへんからな。いずれ、鴟尾にのせ替えてもええようにな。

法隆寺金堂の復元した鴟尾はうちの工場長の鈴木が、親父さんと一緒につくったものです。それはそのまま法隆寺に置いてあります。そやけど、最近になって、巻きの模様が反対になっとるというのがわかったそうや。やり直さなしゃあないなというていましたな。

わしが文化財の屋根を葺く修業を始めたのは鴟尾論争のあった法隆寺の金堂からですが、いまもあのときに葺いた瓦がのっています。もう五十年ほど経ちましたけどな。あのときは仕事をやりながら、生意気なようやけども、わしはなんやつまらん屋根やなあと思うたんです。修理前の元禄の屋根のほうが格好がよかったですわ。反りもきれいやったし、鬼瓦にしたかて迫力ある鬼がのっておった。それが昭和の修理で、あんなぺったんこの鬼になってしもうてな。あの鬼は発掘で出た断片を見て、学者が決めたんです。われわれは雛形を見て、なんて不細工なもんやなあと思いましたな。

あのときはわしも駆け出しでなんにもわからんから、古代の建築はああいうふうになっとったんかなあと思うだけでした。どこか違うというのは、いまだからいえますがね。どこが違うかというと、金堂は大棟が低いんですわ。鴟尾をのせるんやったらもっと棟を高く積むんやけども、鬼瓦にしたから一尺五寸ぐらいしか積んでないのとちがうかな。そやから大棟に対し降り棟がぐっと上がって見えますわ。もし大棟を高う積んだら、いまのますっと降り棟が降りてきて、スカッと決まりますやろな。鴟尾だったら大棟の高さがいまよりも上がって、いまの降り棟のままでちょうどいいんやないですかね。この変更が金堂の屋根の形を悪くしていると、わしは思っています。

しかし鴟尾をのせるなら、構造的にどないするかという問題があります。鴟尾をのせるとなると、一番高いとこの一番端っこにのせるわけですから棟の丈夫さだとか、棟の高さだとか、鴟尾の下の構造だとか、みんな絡《から》んできますからな。

鴟尾も大きいものになったら一トンぐらいのものもあるんです。唐招提寺のは三〇〇キログらい。東大寺の鴟尾は高さは十一尺（約三・三～三・四メートル）あります。棟の高さだけで二メートルもあるんです。そこから少し下がったところから鴟尾が立ち上がっているんです。そばにおったらビルの下にいるような感じです。鴟尾の天辺には大人が五、六人登れますよ。それほど大きいけども東大寺の鴟尾は、中は木でつくってあります。柱を何本か立てて、木で尻尾も支え、骨組をちゃんとして、そこで寄せ木をして形を作り上げ、さらに銅板を貼って漆を塗り、金箔貼りを二回繰り返して完成させています。

宝永の再建当時の大仏殿の屋根には、鳥衾《とりぶすま》をのせただけで鴟尾はなかったんです。鳥衾だって大きいですよ。元禄の鳥衾でも、二人ぐらいでなかったら持てまへん。それもケヤキで心木をつくって、そこに差し込んでのせてありました。

鳥衾の役目は、魔除けと、勢いをつけるためと、雨仕舞の三つのはたらきをしたと思いますわ。鬼瓦にしろ、屋根の上にいろいろなものをのせて魔除けにするというのは、これはやっぱり建物を守るためで、中国や朝鮮にもありますな。天から悪いものが来ると思っていたのでしょうな。建物で一番怖いのは雷と台風です。屋根には仏さんを守るものがいるぞと、そういう意味だったんでしょうな。

大棟に上がると、上にあるのは空だけですから一番怖いのは、やっぱり雷やな。それによって火災も起きるし。「地震・雷・火事・親父」て、昔は怖いものをいいましたからな。親父は最近はあかんけどなあ。

明治の修理のときには、鳥衾では物足りんと思って、唐招提寺の鴟尾を真似て鴟尾をのせたようです。鎌倉時代にはどないやったのかな。鎌倉時代の人は、あれだけの仁王門をつくったり大仏殿をつくっているのやから、鳥衾だけではすまなかったやろうなあ。確かに鎌倉の建築は、小さいものの場合は側面の勾配をきつくして、鳥衾ですましているというのが特徴やけどね。大仏殿ほどの大きさになったらどないやったか。

薬師寺の金堂の鴟尾もやらせてもらいました。現在、少し小さな金色の鴟尾がのっていますけど、あそこも鴟尾は発掘では出てきていないんです。

鴟尾は古い瓦の窯にはたくさん残っとるのに、現場からはなかなか出てきまへんのや。

平城京跡も発掘したかて、鴟尾の断片が出てきてまへん。唐招提寺には平城京から移した建物があるんで、もしかしたらあの鴟尾も平城京から持ってきたんと違うかてわしがいうても、学者は相手にしてくれませんでしたわ。断片も出てこないので平城京の鴟尾はブロンズで拵《こしら》えてあったという説もあるんです。それをどこへ持っていったのかというと、お寺をぎょうさん建立して大仏さんや大きな仏像をいっぱいつくったから、みなそれに使うたのとちがうかという人もおりますのや。ほんまのことは誰もわかりまへんのや。

復元される平城京の大極殿《だいごくでん》にも一・八メートルの高さの鴟尾をのせることが決まりました。鴟尾をのせようとしたら心木《しんぎ》を下から突き出しておかななりません。棟木にそのままのせるくらいではもちまへんしな。棟の先にそんな重いもんをつけたら棟木は折れてしまいます。そやから鴟尾をのせるとなれば、そこらも十分に考えなあきません。わしらは、いわれたらなんぼでも大きな鴟尾をのせるけど、「それをどないしてもたすんか」という議論が始まったら、もうそこで話が詰まってしまうのや。形だけで鴟尾をのせるというても無理なんですわ。中国やら朝鮮は破風《はふ》の後ろから束《つか》を出してあるからなんぼでももちますが、束みたいなもんが屋根より突き出たらおかしいしな。朱雀門《すざくもん》でも、中国の真似をして、掛瓦《かけがわら》が鴟尾の中へ入ってきているんですけども、そんな重たいことしたら、もたん。鴟尾をのせるにしても、屋根の構造や美しさなど、考えなならんことがぎょうさんありますのや。

第九章　伝統技術の保存と継承

日本伝統瓦技術保存会の意義と現状

さっきも息子から電話がかかってきたんやけど、あるところから江戸時代の瓦のつくり方がわからんというてきてるて。そのつくり方は、終戦後まで実際にやっとったんやけど、技術として引き継いだ者が誰もおりまへんのや。ほんの最近のつくり方までわからへんし、指導する人もおらん。それというのも機械ができたから、それぱっかりに頼るようになってしまったからです。

技は継承の段階で一代欠けたら終りです。いまなら、まだ探せばそういうことを知っている人がおるんやから、わかるうちに教え、残さなあかんわけです。でも、この時代に五十年ほど前に遡《さかのぼ》ったようなことをする人はめったにいません。そんなことしてたら飯が食えまへんからね。

　日本伝統瓦技術保存会をつくったのは平成三（一九九一）年です。もともとは技術者をきちっと養成して、先人の残してくれたものをうまく取り込んで、伝統を継承、保存し、さらに瓦の原点を復元して、葺けるようになればいいということで始まったわけです。

　そこで、わしはどう葺くか、施工面を担当したんです。文化財保存の仕事はこれからも長く続いていくわけですし、正しいものを残さないとどうしようもないし、残っていきませんのや。

　これらを指導するには、お金もかかりますから、経営者でなかったらできまへん。そやから出資金と、トヨタ財団をはじめ多くの企業が出してくれる芸術振興基金からも助成してもらっています。それから会費を徴収してな。国から補助をもろうたら窮屈やしな。しかし、わしらの会は、瓦をつくることと葺くことで成り立っていますが、瓦をつくることのなかに、鬼も含まれているにもかかわらず、「鬼師の会」というのが別に発足《ほっそく》していたり、さらには、参加している会社がこの不況で減っていったり、せっかく実習や授業をやっても参加できんものが出てきたり、だんだん難しいところに来ていますんや。

　唐招提寺の鴟尾はわしとこが落札したけども、実際に製作したのは日本伝統瓦技術保存会の連中です。この会を大事にして若い人を育てていかんと、こういう世の中やから、みな金儲けに走ってしまうし、仲間の足をひっぱったり、自分のところさえよければいいというようなことにもなってしまう。もう一度、伝統を受け継いできた瓦のことをしっかり学び、これから先へ継承していけるように立て直しせなならんと思っていますが、わしとこだけが頑張っても限界があるし、負担も大きすぎるんです。わしももう老齢《とし》やし、先もそう長くはないんやから、誰かに引き継いでもらわなならんのです。そこらが難しい時代になってきましたな。

仕事は心でするもんや

うちの会社は、職人は六時半に出社です。朝早く起きるというのも修業の一つやからね。先輩、年寄りは朝が早い。若い者が朝早う起きるというのはつらいことですよ。しかし、職人らしく育てよう思うたら、それしかない。そういうことからしか仕事は教えられまへんのや。職人の心がまえと体づくりを先にせな。それがまず最初の修業やな。そうしてやっているうちに、みなの様子を見て、心も技もできてくるもんです。

なんぼやっても上手下手があるのは、しゃあないですわ。ある程度割り引きはせなならんけども、ふつうの上手下手というのは、これはやっぱり器用、不器用という生まれつきや。これはどんなもんにでもありますわ。訓練していけば、ある程度はうまくなるけど、そこから抜け出るということがなかなか難しい。上手に速く葺く人間もおれば、上手だけど遅い人間とか、なかには遅うて下手なのもおるしな。これはもうしょうがないですな。

体は、訓練したら、あるところまではいきます。仕事は、頭のええ悪いと違うて、まず心から打ち込めるかどうかですわ。金はどうでもええわい、ええ仕事をしようという気持ちがあれば、自然に手足が動くから上手になりますわ。そやから、そういう気持ちになるように育てなならんのです。心をそういうふうに育てられるか、自分が思いをこめられるかというのも、それまでのその人の生き方、育ち方にかかってきますな。

そやから、人間の悪いのはあかんのです。仕事にそれが出てきますんや。仕事はいつも精一杯せい、できるだけのことを精一杯さえしたらそれでいい。上手下手、これはしゃあない。真心をこめてやっているかいないかということや。そういう気持ちは何ものにもかえがたいものです。そういうふうに心が育てば、腕は勝手についてきます。

毎日毎日、それはつらいやろうけど、ええ仕事をしようと思うて、一生懸命に、そればっかりやっとったら、かりに会社として損をしとっても、わしからは何にもいえまへんわ。手を抜けというようなことは、わしは教えたことはないからな。まあ、嫌や嫌ややったらできまへんし、ついてこられへんわな。

現在、うちで一番腕のいいのは山本政典《やまもとまさのり》で、二十歳で弟子に来よったんです。岸和田でおじさんに習うておったそうやけど、うちへ来てすぐに民家をやらしてみたんやが、あかんのです。それでやり直しばっかりさせたんやが、政典はやっぱり人間性も違いました。

わしらより上や。わしみたいにひねくれていないしな。政典にしたら、教わることはいっぱいあったんやろう。怒られても、やり直しやといわれても、せっかく葺いた瓦を剝《は》がされても一生懸命やった。仕事をしているのが楽しいというてね。皇居の仕事や高勝寺などをやったのは政典です。後の薬師寺の工事は、ほとんど政典に任せました。唐招提寺の講堂の工事のときには、監督の吉岡さんが、

「はあ、こんなええ職人、見たことないよ」

というてくれてな。

「瓦の屑ひとつも出さない！　山本はん、えらい若い衆もっているわ」

っていうてくれまして、うれしかったですな。政典も平成十三年に優秀施工者顕彰「建設マイスター」に選ばれとるし、政典はわしよりもええ技術をもってます。わしが国からもらった選定保存技術保持者の認定をあげてもええくらいですわ。

まあ、わしは一人でもいいから指導者になる人間を育てたらええ。そしたら、またその人が、つぎの人を育てて増やせるからな。棟梁というのはそういう仕事や。仕事も見るが、人も育てなあかん。現場はもちろん仕事をするところやが、人もそこで育つんやからな。その金は施主さんが出してくれているんや。ありがたいことやと思わなならんし、それだけ責任もあるということや。

政典以外にも棟梁になれる人をわしは何人育てたかな。一人は滋賀県でバリバリやっと

る長谷川成幸《はせがわなりゆき》というのがおりますな。長谷川は大学に上がって、あと一つだけ受けたら一級建築士に合格やというときに結婚して、夫婦でわしのところへ修業に来たんです。わしはその嫁さんの親父さんと友だちやった。長谷川は瓦屋へ養子に来たんや。年齢《とし》を取ってからの修業やったが、なかなか頭のいい、素直な人やった。十年ほどおったんとちゃうかな。苦労したやろうが、いまは親のとこへ戻ってやってますが、滋賀県では一番ですな。もう四十なんぼになっとるんかな。

ほかにも愛媛県から来てた黒田正人《くろだまさと》。黒田は向こうで屋根屋をやっとって、一人前になっておったんやが、どうでもわしのところに来て教わりたいというてな。来たのはいいけども、日曜でも、子どもから家族からみな放ったらかして工場へ来ては、原寸図を書いたり、一生懸命いろんなことやっていましたな。嫁はんの身内から、手紙が届いた人です。十年ほどおって愛媛に戻って頑張っておるわ。

ほかにもあと二、三人おるな。そやけどちょっと早う帰ってしまったかな。民家も文化財も、まあ、どっちもいけるように仕込んでいるのやけどね。一人前の職人になるには、やっぱり年数がかかりますから、五年ぐらいおったくらいではしゃあないですな。われわれでも、まだあかんのやからね。

瓦屋というのは、親子で継いでいく人が多いですな。わしもそうやが、うちの息子たちも後を継いでくれています。うちのは中学や高校のときに、職人が勝手に息子たちをアルバイトで引っ張って、現場へ連れていきよったんや。お前、遊んでいるのやったら来いというてな。それで大学を終えたら、知らん間に会社にきてたんや。長男の博志《ひろし》は工場で、昼は瓦づくり、夜は窯焚きをやってました。まともに休みなどありませんでしたから、体を悪くして、いまは主に全仕事の段取りをやってますわ。次男の健二《けんじ》は葺きと瓦づくりと両方やっています。兄弟二人とも瓦屋と屋根屋を選んだんやな。いまどき珍しいといわれますが、自然にそうなってしもうてな。わしは採用した覚えはないのやがな。二人とも、わりに手先の器用なほうで、あれも技術屋やなあ。これからどういうふうに二人で協力していきよるか。

こうしてみましたら、ぎょうさん仕事をしてきただけに、人もそこそこ育ちましたな。親方から教えてもろうた原寸図の書き方もあちこちで教えてますから、たいぶ書けるようになってはきましたなあ。そやけど、ものと頭は使いようですわ。使い方によって職人の技術の伝承は変わりますな。わしのとこの若い衆は、手書きで、いまも原寸図を書いとります。大きさやら、納まり方やら、書きながら体に浸みこませるのが大事なことなんです。いまはパソコンで原寸図を書くのもおる。役所や設計事務所やらには、そのほうが見栄《みばえ》うけするけど、わしらはそれを見て、実際に仕事をするんやから、ちゃんと体で感じとりながら技術を身につけたほうがええと思うとります。手書きの技術も失うたらあきませんよ。パソコンは資料として後に活用するくらいにしてな。それから先は次代の人らの仕事ですわ。

葺く技術——瓦の並べ方、重ね方、止め方

葺く技術は、昔と同じように見えるけども、全然違います。

わしのところでつくって葺いた瓦やったら、建物さえしっかりもてば、お寺でも民家でも文化財でもいつまでも傷《いた》まんでしょうな。ほかの人たちと違うように工夫しているのは、瓦そのものも丈夫につくっていますが、葺き方も違いますんや。まずは雨が漏らんようにすることです。雨が漏らんというのは当たり前のことやけど、なかなか難しいんです。まずは瓦そのものがええもんでなければならん。いい土の配合を考えて、焼きをしっかりせなならん。それから瓦の形を考えて、降った雨が瓦の上をよう流れていき、さらに野地板《のじいた》に浸みこまんようにせなならん。そのうえで葺き土を使うときは、土の置き方に工夫がいりますし、瓦の並べ方、重ね方、止め方とさまざまにやりようがあります。これは技術の問題と心がまえです。どんな屋根にも傷《いた》みやすい場所があるんですけれども、そういう箇所をできるだけ長くもたすように、傷まんようにさえできれば、あとはもう瓦がずれたり、落ちたりせんようにすればええんですね。

野地板《のじいた》に打ちつける桟《さん》はいい材質のものを選びますし、瓦自体もあんまり吸水せず、桟

を傷めんようなものやったら、屋根は長持ちします。そういういい瓦もできています。あとは立地条件をよく観察することです。山間部で湿度の高いところとか、竹藪《たけやぶ》が近くにあって葉っぱが積もるような屋根とか、平坦部に建っているとか、それぞれの立地条件に合わせて瓦もつくり、葺けばいいんです。なんでも同じようにやっていたら早う悪うなる。漆喰《しっくい》なんかでも、時と場合により配合率を変えるし、置く量も置く場所も変えますわな。屋根の南側と北側とで、また環境が違うからね。やはり雪がよけい残るほう、日陰になるところは早く傷むんです。そういうことにも気をつけて、一軒一軒の特徴を摑《つか》んで仕事にかかるわけです。

昔は、文化財は表、正面のよう見えるところに新しい瓦をのせたけど、いまは表に古い瓦をのせるようになりました。裏側へは新しい瓦ですな。古い、焼きの悪い瓦を日光の当たらない裏へ持っていったら、さらに傷んでしまいますからな。一時、逆になっていた時期もあったんです。ですから、古い建物の屋根や瓦を見るときには、南側に行ったほうがええですわ。奈良の元興寺の極楽坊や禅堂、東大寺の法華堂《ほっけどう》（三月堂）なんかでも、南側に創建時代の瓦がそのまま使われていますわ。そやけど、大正や明治ぐらいに修理したままのものは、表に新しい瓦を持っていって、裏へ古い瓦を持っていっているのがありますわ。

台風や地震が来ると瓦が落ちるというのは、ちゃんと瓦を止めとらへんからです。うちではそれに対処できる工法を考えてやっています。そやけど、よう考えてみたら、こんなことばっかりしてたら、しまいには仕事がなくなってしまうなあ。

東大寺大仏殿の修理のときはステンレスで太い特別な釘をつくりましたんや。明治のときは鉄釘やったんですけど、あれはもうあきませんな。昔のように鍛《う》ち出しでつくった釘ならええねんけど、機械でボンボンつくっとるような釘ではすぐに腐食《ふしょく》します。腐食したら錆《さび》で膨脹《ぼうちょう》して釘が瓦を割ってしまうしな。だからというて、鍛ち出しの釘はとても高くて手が出されへん。

鉄も鍛《きた》えな、あかんということですわなあ。いまの溶鉱炉から出てくる鉄ではあきまへんな。製錬の技術も進みすぎてだめになったんですわ。鉄もそうなら、銅もそうや。昔の銅線よりもいまの銅線のほうが電流はよう流れるみたいですな。純度がええようになったんやろな。けど、われわれ屋根屋の使うものは、いろいろ混じっとるほうが強いですわ。

先日、ピッと切ってみましたが、いまの純度の高い銅線は昔のより軟らかく弱いです。銅線が弱くなってしもうたから、いまはステンレスの針金を使うてます。けどもステンレスもいろいろあって、純粋なステンレスやったら硬うて捻《ひね》ることもできへん。ほんまは、いままで使うてないものは使わんほうがええねんけどな。昔のような銅線もないし、しかたなく新しい丈夫で使える材料を模索《もさく》しているんですわ。

進歩はいいところもあるし、悪いところもあるんですな。そやから、なんでも新しいものを無条件で呑んでいくいまの時代は怖いですよ。ものだけやなくて、考え方や技術や人も新しいものを取り入れて、それまでのものを使い捨てにしていたら、後で後悔することになりまっせ。瓦づくりの歩みを見て、ほんまにそう思いますな。

瓦づくりは人づくり、人づくりは国づくり

千四百年も前の桶巻きや、一枚づくりの瓦のつくり方を研究してきたのは趣味でやったのやないんです。先人の残してきた仕事の何分の一でもよいから、その精神に触れてみたかったのと、もうひとつ、ほんのこの間ともいえる戦前の瓦のつくり方がわからんようでは困るということがあったからです。それで元をたどれば、どうしても朝鮮から瓦博士が来て瓦のつくり方を教えた原点から、どう変わってきたのかを調べなならんかったのや。瓦は残っておっても、それがどうつくられ、どう葺かれたのかわからんのでは、文化財の修復も復元もない。復元、再建やというなら、その当時、何をどう考えてやっておったのかを検討し、どういうふうに建物がつくられ、どんな屋根で、どんな瓦がのっていたのか知らなければ、復元とはいえませんやろ。まあ、一般の人は、復元をそういうふうに厳密に考えているとは思われんやろうけれども、わしらは、もっと深いところまで、復元したいと考えているんです。形だけができればいいというものではない。そういうのは復元と

はいわんのです。それで桶をつくったり、型をつくったり、麻や苧麻を植えるところから、織り機の復元、筬《おさ》までこさえて布もつくってきましたし、登窯もつくりました。そうやっていろいろと瓦づくりを研究して、何とか桶巻の瓦だとか、いろいろ復元できるところまで来ました。

やっと復元した瓦を実際に建物に使って葺いてみるまでになったんやが、実際に屋根を葺くとなったら、職人を育てなならんのです。それは一つ二つできたというて喜んでいるのとは、まったく違う話や。職人は実際にやっていくなかで、数をこなして熟練していかななならん。そのためにはそういう機会がなくてはなりません。仕事が持続してなければ熟練はしない。一回やってやっと体も手も慣れてきたらお終《しま》いというのでは、どうしようもないんです。そう思うから、なんとか工期の長い、大きな仕事には、実際に使える瓦をつくって、葺かせたいというのがわしの考えでした。実際、そういう話が平城京跡の朱雀門を復元するときにも持ち上がったんやがだめやった。

大極殿でも葺けそうな話になって、わしらも進めておったんです。あの場所でないとできない、ああいう大きな仕事でないと人を育てるとこまでいきませんからな。ほかではできないから、なんとかと思って準備を進めていたのだけれども、最後の決定で覆《くつがえ》ってしまいましたな。手づくりは時間がかかる。そんなことはみな知っとるはずなのに、二年近くの間、なかなか決定が出なかったんです。それでこのままやったらもう間にあわんぞというときになって、工期と資金の問題があるから、手づくりだけでやったんでは無理やということになってしまいました。手づくりで、しかも、平城京がつくられた当時と同じ土を探したりと、決定が出るまでの間、ずいぶん探しまわり、京都の木津で宅地造成関係者である都市公団の方々へも話をして、協力してもらえるようになっとったんです。そやけど、こんなことになってしもうて、えらい申し訳ないと思うとります。

結局、粘土は平城京で使われていたものと同じものはだめでしたが、一部、機械を使いながらも、昔、足で捏《こ》ねたのと同等の粘りのある粘土を使えるようになったんです。手間はものすごうかかるけれども、天平の工法に一番近い技術と現代の技術を持ってやらせてもらえるようになりました。

それからJIS規格はわしらの仕事にはいらんのです。JISに規格化されたものでやっていると、いくつもの時代を重ねてきた瓦葺き屋根の修復をするときに、バラバラの大きさの瓦を葺き上げていく技術も失われていくことになります。わしらは、ほんまの復元瓦を残したいと思っているのですが、いつかそのうちにという人もあるけども、将来、なかなかこういう機会はできないと思いますよ。わしらが時間をかけて、やっとここまでたどり着くことができましたんやけどな。つぎに人を育てるというたら、また、はじめからやらなならんようになります。平城京という大きなプロジェクトやからこそ可能になりましたので、わしの代わりになる人をできるだけ多く育てておきたいと思っています。

もう一度、真の復元とは何か、技術を継承していくことはどういうことかを文化財の関係者や国は考えていかんと、ほんまに間にあわんようになってしまいます。わしらも、もうすぐいなくなってしまうんやからな。人を育てながら、ものづくりをするということは、国の宝やと思いまっせ。無形の財産ですわ。教えて、育てるという「教育」をこれからやっていかんことにはな。

人は育てられるときに育てておかんと取り返しがつかんようになる。一代欠けたら繋《つな》がるもんも繋がらんようになってしまう。いつでも余裕ができたときにすればいいというんでは間にあわんこともあるのや。このことは言っておかなならんと思っております。真剣に技の伝承を考えなならんですからな。

唐招提寺でも、古代瓦に近いものをつくり、葺くことになりました。現代の機械（真空土練機）を使いませんから、土も手づくり用の粘土、さらに一つ一つ手づくりですからな。布目も入ってますわ。瓦の色も「古代いぶし色」ですから、手間はかかっていますよ。そやけど、そういう機会を与えてもらうことができて感謝しています。立派な屋根にして、この恩はお返ししたいと思うています。

山本瓦工業が手がけたおもな仕事一覧

年度	名称
1953年	旧斑鳩町役場
(昭和28年)	松本城　乾小天守・月見櫓・辰巳櫓
1954年	法隆寺　金堂
(昭和29年)	松本城　大天守
1955年	法隆寺　新堂
(昭和30年)	法隆寺　西院大垣
〃	天理教　おやざとやかた東棟
1956年	法華寺　南門・鐘楼
(昭和31年)	奈良県公会堂
〃	瑞巌寺　庫裡及び廊下
〃	偕楽園　好文亭
〃	甚目寺　三重塔
1957年	瑞巌寺　五大堂
(昭和32年)	丈六寺　三門
1958年	天理教　旭大教会
(昭和33年)	瑞巌寺　本堂
〃	東照宮　塀及び三門
〃	唐招提寺　宝蔵
1959年	金勝寺　本堂
1960年	小田原城　天守その他
(昭和35年)	石山寺　本堂
〃	法隆寺　聖徳会館
〃	都久夫須麻神社（竹生島）　本殿
〃	旧加賀屋敷　御守殿門（東京大学赤
	門）
〃	浄土寺　本堂
1961年	姫路城　大天守
(昭和36年)	大阪城　千貫櫓
1962年	生駒町公共建物　災害修理（第二室
(昭和37年)	戸台風）
1963年	道成寺　仁王門
(昭和38年)	伏見桃山城　大天守・小天守その他
1964年	南法華寺　礼堂
(昭和39年)	ユネスコ村（西武鉄道）　多宝塔
1965年	福貴寺　本堂
(昭和40年)	大阪城　一番櫓
〃	西郷寺　本堂
〃	護国院（紀三井寺）　楼門
〃	三滝寺　多宝塔
1966年	法隆寺　綱封蔵
(昭和41年)	岡山城　天守その他
1967年	法隆寺　新宝庫（北宝庫）

（昭和42年）　法隆寺　収蔵庫
〃　教王護国寺　東寺会館
〃　東大寺　鐘楼
〃　法隆寺　西院大垣
〃　皇居　伏見櫓
〃　皇居　伏見渡り櫓
〃　皇居　伏見多聞
〃　皇居　富士見多聞
〃　皇居　大番所
1968年　法隆寺　北室院太子堂
（昭和43年）　法隆寺　北室院本堂
〃　法隆寺　唐門
〃　利生護国寺　本堂
〃　東本願寺名古屋別院　三門
〃　中宮寺　本堂・塀
〃　金勝寺　護摩堂・三門
〃　薬王寺　観音堂
〃　皇居　正門
〃　皇居　内苑門
〃　皇居　平川門
〃　皇居　同心番所
〃　皇居　百人番所
〃　松尾寺　北門

1969年　万国博　古河パビリオン　東大寺七
（昭和44年）　重塔一部協力
〃　東大寺　鐘楼十分の一模型（万博古
河パビリオン展示）
〃　秋篠寺　本堂
〃　皇居　巽櫓
1970年　東大寺　法華堂手水屋
（昭和45年）　法隆寺　西院東南隅子院築垣
〃　法隆寺　西院大垣
1971年　東大寺　開山堂
（昭和46年）　西大寺　八幡社本殿
〃　福王寺　庫裡
〃　田山観音寺　本堂
〃　秋篠寺　鐘楼
〃　金勝寺　庫裡
〃　西浄寺　本堂
〃　円光寺　本堂
〃　往馬大社　宝庫
〃　円照寺　薬帰庵
1972年　東大寺　法華堂
（昭和47年）　慧光院　虚空蔵堂
〃　八大竜王神感寺　神殿
〃　手向山八幡宮　絵馬殿

〃　西正寺　納骨堂
〃　南陽院　庫裡・玄関
〃　和歌山城　紅葉谷庭園築地塀
〃　千手寺　鐘楼
〃　石福寺　表門
1973年（昭和48年）　円照寺　客殿
〃　円照寺　擁葉庵
〃　円照寺　審殿
〃　東大寺　本坊・新寺務所
〃　皇居　巽二重櫓
〃　皇居　高麗門
〃　皇居　北桔橋外構塀
〃　皇居　乾門
〃　埼玉鴨場（宮内庁）　第九号建物
〃　法輪寺　三重塔再建
〃　善修寺　本堂
1974年（昭和49年）　瑞花院　本堂
〃　法起寺　三重塔
〃　平城宮跡　南殿第一殿
〃　春日大社　中門・回廊
〃　円照寺　阿弥陀堂・通用門
〃　薬師寺　金堂復興
〃　東大寺　天皇殿瑞垣

1975年（昭和50年）　龍福寺　本堂（防災工事に伴う修理）
〃　吉野祈念平和塔
〃　薬師寺　西僧坊
〃　薬師寺　鐘楼
〃　薬師寺　手水舎
〃　長谷寺　管長室
〃　法輪寺　鐘楼
〃　東大寺　金堂（大仏殿）試作瓦
〃　法隆寺　宝珠院
〃　平城宮跡　磚（燻煉瓦）
〃　東大寺　勧学院鐘楼
〃　東大寺　真言院地蔵堂
〃　東大寺　天皇殿棟門
1976年（昭和51年）　東大寺　金堂（大仏殿）（奈良県瓦工事組合）
〃　法隆寺　福園院本堂
〃　法隆寺　普門院
〃　法照寺　本堂
〃　松尾寺　三重塔
〃　法隆寺　西院東南・西南隅子院築垣
〃　法隆寺　宝光院表門
〃　長谷寺　本坊玄関

1977年（昭和52年） 八十八夢堂
〃 長谷寺 能満院
〃 無量寺 本堂
〃 千光寺 山門
〃 金勝寺 無量寿殿
〃 大阪天満宮 神輿庫
〃 大阪天満宮 式場
〃 大阪天満宮 社務所
〃 大阪天満宮 鳳輦庫
〃 東大寺整肢園 本館
〃 法隆寺 新本坊・寺務所
〃 法隆寺 実相院
〃 法隆寺 輪堂・収蔵庫東門
〃 桃林堂 陌草園敷瓦
〃 法起寺 講堂
1978年（昭和53年） 三滝寺 御札所茶室
〃 松尾寺 楊谷観音堂
〃 松尾寺 地蔵堂
〃 薬師寺 西塔再建
〃 法華寺 慈光殿
〃 法華寺 収蔵庫付帯門
〃 正暦寺 福寿院客殿棟
〃 手向山八幡宮 楼門

〃 手向山八幡宮 南北御廊
〃 正暦寺 築土塀・表門・脇塀
〃 全興寺 拝殿
〃 法隆寺 管長室渡り廊下
〃 法隆寺 福園院門
〃 法隆寺 律学院門
〃 法隆寺 寺務所西門
〃 法隆寺 中院倉
〃 仮宿庵 茶室
〃 竹風堂 本店敷瓦
〃 高林寺 庫裡
〃 法隆寺 上御堂
1979年（昭和54年） 法隆寺 上御堂敷瓦
〃 法隆寺 東院西脇門
〃 乗教寺 本堂
〃 乗教寺 鐘楼
〃 乗教寺 門・塀
〃 松尾寺 本堂
〃 東大寺 手水屋
〃 東大寺 持宝院庫裡
〃 正暦寺 収蔵庫
〃 法隆寺 金堂敷瓦
〃 岡寺 本坊客殿

〃　矢田坐久志玉北古神社
〃　阿弥陀寺　本堂
1980年（昭和55年）　法隆寺　西院回廊
　法隆寺　西大垣
〃　東大寺　祭器庫
〃　東大寺　集会所（大仏殿内）
〃　東大寺　観音院
〃　薬師寺　東僧坊
〃　薬師寺　地蔵院
〃　東大寺学園　旧講堂鴟尾・鬼瓦製作
〃　東大寺　大仏殿落慶記念鴟尾十分の一製作
〃　薬師寺　八幡宮
〃　法起寺　聖天堂
〃　平城宮跡　羅城門復元模型
〃　榊莫山邸　敷瓦
〃　三滝寺　茶室
〃　円照寺　土蔵
〃　法華寺　花道会館
〃　豊田家　書庫
〃　法起寺　休憩所
〃　龍福寺　本堂（災害修理）
〃　大阪適塾　教室・居室・土蔵（緒方洪庵旧居）
1981年（昭和56年）　聖光寺　手水舎
　長谷寺　御茶所
〃　岡寺　楼門
〃　上田家住宅（瓦製作）
〃　今西家住宅
〃　東大寺　戒壇院本堂
〃　東大寺　真言院南門口土塀
〃　薬師寺　大乗院土塀・八幡宮
〃　常徳寺　門
〃　法隆寺　管長室
〃　法隆寺　冥府社棟
〃　安養寺　表門
〃　南陽院　庫裡（増築）
〃　安楽寺　庫裡
〃　往生院六萬寺　宝蔵・塀
〃　山本長兵衛　持仏堂
〃　山田寺　金堂復元模型（奈良飛鳥資料館）
1982年（昭和57年）　法隆寺　鐘楼
　法隆寺　経蔵
〃　法隆寺　新堂（棟）
〃　奈良トヨタ自動車（株）　社宅

〃　浄因寺　本堂
〃　浄因寺　門・庫裡
〃　浄因寺　鐘楼
〃　久安寺　無量寿殿・三十三所観音堂
〃　薬師寺　参拝者用脇門
〃　平城宮跡　南面大垣第一期
〃　法起寺　収蔵庫
〃　興福寺　客殿
〃　興福寺　納経所
〃　西方院　保存庫
〃　円照寺　正門
〃　円照寺　宝蔵
〃　金勝寺　倉
〃　往生院六萬寺　仁王門
〃　上田家住宅（瓦製作）
〃　長谷寺　歓喜院
〃　談山神社　社家宅
1983年（昭和58年）　東大寺　勧学院表門・本堂
〃　興福寺　一言観音堂・大黒堂
〃　和歌山城　門修理
〃　往生院六萬寺　仁王門両脇塀
〃　糸崎神社　二脚門
〃　超願寺　本堂

〃　宝珠院　本堂・庫裡・塀
〃　河合家住宅
〃　富光寺　本堂・庫裡
〃　萬京（レストラン）
〃　平城宮跡　南面大垣第二期
〃　千光寺　行者堂
〃　久安寺　別殿
〃　榊神社　拝殿・幣殿（棟）
〃　金峯山寺　蔵王堂（雨落ち瓦工事）
〃　長谷寺　茶室
〃　千手寺　本堂・礼堂・表門・脇塀
〃　中家住宅　持仏堂・庫裡
1984年（昭和59年）　東大寺　二月堂仏餉屋（修理補足瓦）
〃　慶田寺　本堂・山門
〃　和歌山城　井戸屋形
〃　平城宮跡　南面大垣第三期
〃　富光寺　大師堂・不動堂
〃　薬師寺　中門
〃　円照寺　休憩所・風呂場・庫裡小門
〃　正玉寺　本堂
〃　法隆寺　福生院門
〃　富光寺　門

〃　神護寺　地蔵院・書院
〃　興福寺　井戸屋・本堂講拝・座敷
〃　興福寺　菩提院・門・脇塀
〃　往馬大社
〃　慶田寺　南門
〃　長谷寺　仁王門脇塀・蔵王堂
〃　野ノ上神社　拝殿・本殿・塀
〃　大融寺　鐘楼・門
〃　満願寺　庫裡
〃　桃林堂　本店敷瓦
〃　小宮山十四郎東京別邸　新羅磚瓦

1985年（昭和60年）
唐招提寺　地蔵堂
手向山八幡宮　校倉宝庫
〃　ブリティッシュ・コロンビア大学
鐘楼（カナダ）
〃　安養寺　鐘楼
〃　慶田寺　東門・袖塀
〃　興福寺　本坊・御手洗
〃　不退寺　本堂
〃　法隆寺　古材倉二棟・塀
〃　長谷寺　能満院門・塀
〃　金勝寺　総門・脇塀・袖塀
〃　金勝寺　本坊長屋門・客殿・鐘楼

〃　養源寺　楼門・両脇下屋
〃　往生院六萬寺　客殿・庫裡・寺務所
〃　和歌山城　追廻門
〃　石切剣箭神社　穂積殿
〃　平城宮跡　磚積基壇・築地塀
〃　最明寺　本堂（鬼瓦製作）
〃　矢田寺　北僧坊書院・茶室
〃　東大寺　龍松院塀
〃　東大寺　二月堂北茶所
〃　興福寺　菩提院客殿・庫裡

1986年（昭和61年）
薬師寺　三蔵院絵殿
法隆寺　賢聖院表門
〃　奥田家住宅
〃　追分本陣　村井家住宅
〃　東大寺　知足院本堂
〃　東大寺学園　中学校・高等学校
〃　法光寺　本堂
〃　平城宮跡　南殿第二殿
〃　法隆寺　地蔵院
〃　法隆寺　古材収納庫土塀
〃　藤田家住宅　別座敷
〃　光明寺　本堂・庫裡
〃　千手寺　業平廟

〃　東大寺　法華堂弁財天社
〃　法華寺　書院
〃　安楽寺　山門下屋
〃　円照寺　鎮守社覆屋　白華堂
〃　東大寺　持宝院
〃　東大寺　清涼院赤門番所
〃　東大寺　土塀・戒壇院
〃　満願寺　客殿・表門
〃　唐招提寺古代瓦復元模型（国立科学博物館）
〃　法隆寺　宗源寺鐘楼
〃　城南宮　交通安全祈禱所
〃　手向山八幡宮　門・塀
〃　全興寺　薬師堂・書院・庫裡
1987年（昭和62年）　興福寺　興美院客殿・庫裡
龍天寺　本堂・庫裡
〃　興福寺　本坊玄関客殿・寺務所
〃　石福寺　本堂・庫裡
〃　薬師寺　三蔵院玄奘堂
〃　平城宮跡　東方官衙北面築地・門
〃　真龍寺　牛頭天王堂
〃　薬師寺　三蔵院礼門
〃　聖林寺　大師堂

〃　豊田家住宅　別座敷
〃　東大寺　大仏殿中門・回廊（軒瓦）
〃　大阪天満宮　手水舎
〃　奈良県新公会堂（奈良県瓦工事組合）
〃　橘寺　経堂・西門・東門
〃　神護寺　土蔵
〃　法隆寺　行者堂・遍照院門・土塀
〃　宝幢寺　本堂（補足瓦）
〃　名張シティホテル　壁面レリーフ
〃　西光寺　本堂
〃　帝釈寺　本堂
1988年（昭和63年）　円照寺　庫裡・奥書院
法隆寺　大講堂（四半敷　敷瓦）
〃　総持寺　薬師堂
〃　当麻傘堂
〃　宝幢寺　本堂
〃　成覚寺　本堂
〃　真宗寺　本堂
〃　光養寺　本堂
〃　安養寺　本堂
〃　真龍寺　鐘楼
〃　薬師寺　三蔵院回廊

〃　駿府城　巽櫓
〃　今西家住宅　増築
〃　信徳寺　本堂・庫裡
〃　法照寺　仏舎利塔・鐘楼
1989年（平成1年）　岡寺　書院
〃　蓮長寺　妙見堂・三十三番神堂
〃　総持寺　稲荷社
〃　東大寺　南大門（補修）
〃　興福寺　国宝館（補修）
〃　大雄院　本堂・大庫院
〃　法隆寺　茶所（補足瓦）・護摩堂
〃　天河大弁財天社　拝殿・拝所・神楽殿・塀
〃　東大寺　戒壇院西土塀
〃　専称寺　本堂
〃　今西家住宅
〃　薬師寺　経蔵二棟
〃　福満寺　本堂
〃　正徳寺　山門
〃　正願寺　本堂
〃　円通寺　山門
〃　猪田神社　本殿
〃　東大寺学園　増築（壁面タイル）

〃　興福寺　本坊寺務所・庫裡・台所
〃　興福寺　興善院奥座敷
〃　乙訓寺　鎮守八幡神社
〃　岡寺　庫裡
〃　南陽院
1990年（平成2年）　西方院　茶室
〃　東大寺　二月堂興成神社
〃　長谷寺　塀
〃　法隆寺　西南院表門
〃　法隆寺　西室脇門
〃　光養寺　鐘楼
〃　長徳寺　観音堂
〃　安養寺　大師堂・地蔵堂
〃　橘寺　収蔵庫
〃　本成寺　本堂（鬼瓦）
〃　宝幢寺　庫裡
〃　大雄院　渡り廊下
〃　往生院六萬寺　資料館
〃　法隆寺　東院夢殿（補修）
〃　蓮花寺　本堂
〃　二川宿　本陣
〃　甘露寺　本堂
〃　月江寺　表門

〃　大雄院　門・塀
〃　龍天寺　納骨堂
〃　菅原神社　拝殿・唐破風
〃　薬師寺　三蔵院土塀
〃　東大寺　正観院客殿
1991年　教弘寺　本堂・山門
(平成3年)　薬師寺　法光院土塀
〃　平城宮跡　宮内省南殿第一殿
〃　平城宮跡　兵部省地区塀腰張り
〃　甘露寺　山門・袖塀・土塀
〃　法光寺　鐘楼
〃　松尾寺　本坊福寿院
〃　東大寺　真言院大師堂
〃　東大寺　惣持院客殿・庫裡・塀
〃　東大寺　宝厳院・倉・土塀
〃　東大寺　大仏殿西回廊(西北妻修理)
〃　東大寺　二月堂飯道神社
〃　東大寺　本坊東面土塀
〃　覚正寺　本堂
〃　讃岐国分寺　版築塀第一期(瓦製作)
〃　素戔嗚尊神社　拝殿・唐破風

〃　法隆寺　弥勒院築垣・棟門
〃　法隆寺　弥勒院庫裡(葺工事)
〃　長谷寺　菩提院祖師堂
〃　光蓮寺　本堂
〃　法泉寺　山門
〃　長谷寺　月輪院
〃　常徳寺　本堂(修理)
〃　三井井戸屋形
〃　秋田城跡　井戸(磚瓦製作)
1992年　薬師寺　回廊第一期
(平成4年)　讃岐国分寺　版築塀第二期(瓦製作)
〃　照儀坊　本堂
〃　新薬師寺　本堂(平瓦製作)
〃　平城宮跡　兵部省地区塀腰張り
〃　東大寺　本坊北面土塀・北門
〃　久安寺　薬師堂会館
〃　宝林寺　本堂
〃　法光寺　小門
〃　宝幢寺　山門・袖塀
〃　法隆寺　観音院
〃　法隆寺　南大門(敷瓦)
〃　専称寺　山門・袖塀

〃　東大寺　地蔵院表門
〃　東大寺　焼門・戒壇院土塀
〃　東大寺　二月堂北山手観音堂
〃　東大寺　宝厳院塀
〃　泉勝寺　本堂
〃　三ノ宮神社　拝殿（甍葺・敷瓦）
〃　上宮遺跡公園建造物
〃　高勝寺　本堂・山門・塀
〃　東大寺整肢園　増築
〃　旧高市郡教育博物館
〃　西光徳寺　山門
〃　誓興寺　本堂
1993年（平成5年）　善修寺　手水舎
〃　平城宮跡　第二次大極殿（隅部復元）
〃　讃岐国分寺　金堂模型（鴟尾製作）
〃　興福寺　南円堂（平瓦製作）
〃　円照寺　鐘楼（露盤修理）・塀重門
〃　慧光院　本堂・庫裡・玄関
〃　安養寺　庫裡
〃　慶田寺　庚申堂会館
〃　往生院六萬寺　鐘楼
〃　法船寺　五重塔（小瓦葺）

〃　東大寺　図書館土塀
〃　石福寺　本堂・塀
〃　道明寺　山門降棟獅子口復元製作
〃　深照院　山門・塀
〃　長谷寺　開山堂・専修学院門
1994年（平成6年）　平城宮跡　東院大垣・北東建物・南門
〃　光蓮寺　本堂
〃　矢田寺　北僧坊位牌堂
〃　全興寺　不動堂・礼堂
〃　乙訓寺　高麗門・裏門
〃　薬師寺　回廊第二期・東門・西門
〃　興福寺　南円堂隅棟鬼瓦製作
〃　東大寺　龍松院
〃　東大寺　地蔵院庫裡
〃　橘寺　往生院道場・庫裡・土塀
〃　本養寺　本堂・渡り廊下
〃　法楽寺　土蔵
〃　不動院　本堂
〃　長谷寺　大黒堂
1995年（平成7年）　平城宮跡　朱雀門（軒丸・平瓦製作）
〃　薬師寺　地蔵院棟・表門

〃　興福寺　南円堂大屋根・拝所
〃　東大寺　絵馬堂
〃　東大寺　湯屋
〃　本養寺　門・塀
〃　九品寺　本堂・鐘楼・庫裡・地蔵堂
〃　芳徳寺　本堂・塀・門・渡り廊下
〃　真龍寺　庫裡
〃　中家住宅　土蔵・井戸屋形・東門・
裏門・塀
〃　法照寺　山門・塀
〃　総持寺　地蔵堂（棟瓦葺）
〃　甘露寺　庫裡
〃　豊田家住宅
1996年（平成8年）　法起寺　表門
〃　法隆寺　宗源寺本堂
〃　法隆寺　中門前手水舎
〃　岡寺　寺務所・塀
〃　興福寺　仏教会館土塀・旧土塀・三
重塔柵
〃　円照寺　御手洗・渡り廊下
〃　法楽寺　三重塔
〃　九品寺　山門
〃　東光寺　鐘楼堂（棟瓦葺）

〃　阿弥陀寺　表門・袖塀
〃　東大寺　宝厳院隠居所
〃　東大寺　戒壇院南土塀
〃　東大寺学園　幼稚園本館・講堂・表
門
〃　隆国寺　稲荷社（棟瓦葺）
〃　釈迦院　厄神堂
〃　帝釈寺　山門・袖塀
〃　消渇神社　社殿・切妻建物
〃　馬見丘陵公園　ナガレ山古墳円筒埴
輪素焼成
〃　県立iセンター　法隆寺若草伽藍金
堂軒瓦復元
〃　法隆寺　世界文化遺産三周年記念品
瓦
〃　天武神社　社殿・若宮
〃　不動院　本堂・客殿
〃　称念寺　太鼓楼・くぐり門・塀
〃　平城宮跡　東院南門・大垣・北東建
物・正殿
〃　照儀坊　庫裡
〃　普門寺　本堂・書院・護摩堂・鐘
楼・塀

〃　竹林寺　本堂
〃　平城宮跡　朱雀門（日本伝統瓦技術保存会）
〃　長谷寺　宗法蔵表門・六角堂表門
〃　法隆寺　百済観音堂・法蔵院二棟・門
〃　乙訓寺　本堂
1997年　平城宮跡　宮内省築地・門
（平成9年）　平城宮跡　東院正殿橋・欄干・擬宝珠製作
〃　本善寺　蓮如堂拝殿・手水舎・西門・クグリ・塀
〃　馬見丘陵公園　ナガレ山古墳円筒埴輪素焼成
〃　東大寺学園　幼稚園門脇土塀
〃　東大寺　持宝院蔵・離れ
〃　旧新川家住宅　保存復元工事
〃　西法寺　庫裡
〃　来迎寺　本堂・山門
〃　当麻寺　中之坊　長屋門・展示室
〃　如来寺　本堂
〃　成等寺　山門・塀
〃　九品寺　茶室

〃　法隆寺　聖霊院（瓦製作・瓦葺工事）
〃　手向山八幡宮　直会所・住居
〃　法楽寺　山門・袖塀
〃　東大寺　警備詰所新築
〃　東大寺　大仏殿西御手洗新築
〃　月江寺　庫裡
〃　生駒市芸術会館
1998年　西法寺　本堂
（平成10年）　平城宮跡　東院大垣延長・御手洗
〃　継松寺　庫裡
〃　総持寺　方丈庫裡
〃　当麻寺　奥院方丈庫裡
〃　一乗院　本堂
〃　善通寺　御影堂（瓦製作・葺き替えの技術指導）
〃　観泉寺　本堂
〃　石福寺　納骨堂
〃　正楽寺　本堂
〃　長谷寺　金毛蔵・楊柳蔵・金蓮院土蔵
〃　曼荼羅寺（瓦製作・葺き替えの技術指導）

〃　往生院六萬寺　寺院資料館
〃　法泉寺　山門
〃　東大寺　上ノ坊持仏堂
〃　法隆寺　百済観音堂前敷瓦
〃　円照寺　土塀
〃　遠慶寺　本堂
〃　東大寺　宝厳院　玄関・渡り廊下
〃　手向山八幡宮　小社
〃　法隆寺　馬屋・築垣
〃　妙西寺　鐘楼堂
〃　称念寺　手水舎・御手洗
〃　東大寺　二月堂処世界部屋
〃　往生院六萬寺　金堂復元模型・古代瓦製作道具復元
〃　岡寺　手水舎
1999年（平成11年）　東大寺　旧本坊
〃　伏見桃山城　各建物（災害復旧）
〃　東大寺　各建物（災害復旧）
〃　法隆寺　各建物（災害復旧）
〃　薬師寺　各建物（災害復旧）
〃　長谷寺　各建物（災害復旧）
〃　興福寺　各建物（災害復旧）
〃　当麻寺　東塔・西塔その他建物（災害復旧）
〃　平城宮跡　朱雀門大垣
〃　称念寺　本堂その他建物（災害復旧）
〃　法隆寺　東院不閉門
〃　金峯山寺　蔵王堂・仁王門（災害復旧）
〃　妙光寺　三十番神堂・甍棟
〃　山尾家住宅　各建物（災害復旧）
〃　中家住宅　各建物（災害復旧）
〃　大日堂（災害復旧）
〃　圓珠院　本堂
〃　継松寺　本堂
〃　東大寺　観音院・蔵
〃　隆国寺　本堂
〃　大神神社　拝殿・甍棟
〃　真龍寺　御手洗
〃　東大寺　戒壇院千手堂
〃　矢田寺　北僧坊・霊安堂
〃　九品寺　納骨堂
〃　岡寺　門前塀
〃　聖光寺　本堂
〃　富光寺　不動堂
〃　興福寺　南円堂手水舎

〃　釈迦院　本堂・渡り廊下
〃　西教寺　山門・袖塀
〃　千光寺　観音堂
〃　東大寺学園　特別教室
〃　釈迦院　本堂前塀・庫裡渡り廊下
〃　東大寺　真言院　蔵・渡り廊下
〃　東大寺　図書館土塀
〃　九品寺　庫裡・離れ
2000年（平成12年）　西方院　庫裡
〃　教行寺（箸尾御坊）　本堂（災害復旧）
〃　富光寺　大師堂増築
〃　東大寺　戒壇院千手堂渡り廊下・南側塀
〃　千光寺　鐘楼・手水舎・土蔵
〃　釈迦院　本堂裏塀
〃　法隆寺　鵤文庫
〃　平城宮跡　東院大垣東面延長
〃　薬師寺　法具蔵新築
〃　円照寺　華道会館増築
〃　善通寺　弘法大師井戸屋形（葺き替えの技術指導）
〃　西教寺　鐘楼

〃　薬師寺　大講堂
〃　東大寺　戒壇院千手堂南門・袖塀改修
〃　春日大社　南西回廊補足瓦製作
〃　興福寺　中金堂解体
〃　興福寺　大湯屋修理
〃　旧常福寺　表門・袖塀改修
〃　依水園　柳生堂改修
〃　東大寺　北林院改修
〃　円照寺　追善供養堂新築
〃　法楽寺　茶室新築敷瓦
〃　富光寺　表門・袖塀
〃　浄専寺　庫裡・本堂新築
〃　万葉ミュージアム新築（奈良県瓦工事組合）
〃　継松寺　書院改修
〃　法隆寺　新堂棟瓦葺
〃　法隆寺　北室院本堂棟瓦葺
〃　法隆寺　北室院太子殿唐破風棟瓦葺
〃　法隆寺　北室院表門棟瓦葺
〃　東大寺　新藤管長晋山記念品製作
〃　円照寺　離れ新築
〃　浄照寺　鐘楼移築

〃　薬師寺　三蔵院北・西塀新築
〃　薬師寺　法光院北・西塀新築
〃　石床神社　覆屋・物置・団子屋新築
〃　富光寺　表塀
2001年（平成13年）　平城宮跡　東院大垣南面延長・隅楼棟瓦
〃　平城宮跡　朱雀門管理施設
〃　平城宮跡　宮内省築地南西面延長
〃　今井まちや館（旧音村家）修復
〃　森村家住宅　修復
〃　全興寺　旧位牌堂改修
〃　法泉寺　庫裡改修
〃　万葉ミュージアム　展示室・外塀新設
〃　往馬大社　観音堂新築
〃　東大寺　図書館書庫増改築
〃　浄専寺　外塀新築
〃　熊谷家住宅　新蔵修復ナマコ瓦製作
〃　東大寺　持宝院蔵・離れ・塀葺き替え
〃　平等寺　波切不動堂新築
〃　大林寺　本堂新築
〃　天岑寺　鐘楼堂新築

〃　乙訓寺　南門・塀改修
〃　当麻寺　奥院鐘楼門屋根瓦解体
〃　唐招提寺　金堂屋根瓦解体（日本伝統瓦技術保存会）
〃　円照寺　御手洗改修
〃　蓮台寺　本堂新築
〃　教行寺（箸尾御坊）書院・対面所改修
〃　法起寺　南門改修
〃　大林寺　表門新築
〃　手向山八幡宮　大社・小社改修
〃　称念寺　表土塀応急葺き替え
〃　東大寺　警備詰所（大仏殿長池北・四月堂南）
2002年（平成14年）　近江国庁跡　瓦積基壇第一期　古代いぶし色瓦製作
〃　継松寺　山門改修
〃　今井南町生活広場　門・袖塀・番屋新築
〃　東大寺　御手洗新築（二月堂前）
〃　薬師寺　北門・袖塀新築
〃　近江国庁跡　瓦積基壇二期　古代いぶし色瓦製作

〃　志方八幡神社　下拝殿改修
〃　教行寺（箸尾御坊）　書院・対面所
玄関敷き瓦
〃　無量寺　庫裡新築
〃　興福寺　五重塔南柵
〃　東大寺　知足院鐘楼
〃　浄照寺　本堂両妻改修
〃　圓福寺　三重塔鬼面鬼製作
〃　真龍寺　本坊改修
〃　西光寺　山門・袖塀新築
〃　十輪寺　本堂新築
〃　千光寺　門脇受付改修
〃　生駒市北コミュニティセンター新築
〃　十輪寺　客殿新築
〃　東大寺　正観院表門・袖塀・納屋改
修
〃　当麻寺　奥院阿弥陀堂改修
〃　東大寺　大仏開眼千二百五十年記念
水盤（花器）
〃　大念仏寺　山門改修
〃　桂林寺　本堂新築
〃　阿弥陀寺　本堂改修
〃　龍泉寺　山門・袖塀新築

〃　当麻寺　奥院塀改修
2003年（平成15年）　尋盛寺　本堂新築
常永寺　山門・薬師堂改修
〃　近江国庁跡　築地塀瓦葺
〃　当麻寺　奥院鐘楼門瓦葺
〃　森村家住宅　納屋瓦葺
〃　東大寺　大仏殿西回廊修理
〃　山尾家住宅　改修
〃　お松の宮住吉神社新築
〃　東大寺　勧学院土塀改修
〃　安養寺　山門・袖塀新築
〃　常永寺　庫裡改修
〃　常永寺　本堂新築
〃　阿弥陀寺　鐘楼新築
〃　無量寺　山門・袖塀改修
〃　無量寺　蔵・外塀改修
〃　千光寺　大師堂改修
〃　唐招提寺　金堂瓦製作（鴟尾・軒平
瓦・平瓦・丸瓦）
〃　平等寺　二重塔新築
〃　長楽寺　本堂新築
〃　十輪寺　山門・鐘楼新築
〃　十輪寺　庫裡・塀新築

〃　唐招提寺　御廟門改修
〃　乙訓寺　鐘楼改修
〃　薬師寺　地蔵院南東土塀改修
〃　興福寺　五重塔南柵第二期
〃　善徳寺　山門新築
〃　当麻寺　竹之坊露盤
〃　長谷寺　本堂（災害復旧）

2004年（平成16年）　釈迦院　庫裡改修・渡り廊下改修
　平城宮跡　宮内省築地西面延長
〃　誓興寺　山門新築
〃　東大寺　観音院塀改修
〃　東大寺　図書館塀改修
〃　橘寺　鐘楼改修
〃　大神神社　勅使殿甍棟
〃　真山家住宅　保存修理第一期　瓦製作
〃　唐招提寺　金堂瓦製作（軒丸瓦・平瓦・丸瓦）
〃　総持寺　東門改修
〃　本善寺　経堂改修
〃　平等寺　表門改修
〃　観音寺　本堂新築
〃　長久寺　本堂新築

〃　平等寺　表門改修
〃　志蓮浄苑（斧山公園）円満閣瓦製作　葺き技術指導（ホンコン）
〃　弘明寺　風関門改修
〃　桂林寺　庫裡新築
〃　安養寺　本堂新築
〃　本善寺　庫裡新築
〃　清明屋（旅籠屋）保存復元工事
〃　当麻寺　奥院庫裡改修
〃　志蓮浄苑（斧山公園）古建陳列館瓦製作（ホンコン）
〃　安養寺　山門・袖塀改修
〃　安養寺　鐘楼改修

2005年（平成17年）　志蓮浄苑（斧山公園）香海軒瓦製作　葺き技術指導（ホンコン）
〃　志蓮浄苑（斧山公園）松茶樹瓦製作　葺き技術指導（ホンコン）
〃　志蓮浄苑（斧山公園）古建陳列館瓦製作　葺き技術指導（ホンコン）
〃　東本願寺　御影堂（瓦工事ＪＶ）
〃　依水園　三秀亭改修
〃　石上神宮　猿田彦神社・天神社改修工事

〃　森村家住宅　表門西土塀瓦葺
〃　法隆寺　東院伝法堂瓦葺
〃　平城宮跡　三分の一の縮小鬼瓦製作
（東院鬼・平城宮鬼・朱雀門鬼）
〃　和歌山城　御橋廊下復元工事
〃　岡寺　大師堂塀新設工事
〃　長谷川邸　改修工事
〃　森村家住宅　東西米蔵瓦葺
〃　志蓮浄苑（斧山公園）水車小屋瓦製
作葺き技術指導（ホンコン）
〃　志蓮浄苑（斧山公園）仙橋瓦製作
葺き技術指導（ホンコン）
〃　本善寺　会議室新築
〃　日本寺　大黒堂新築
〃　一宮寺　護摩堂新築
〃　長谷寺　納骨堂新築

山本清一（やまもと　きよかず）
昭和七（一九三二）年、奈良県生まれ。尋常高等小学校卒業後、父親のもとで瓦を葺く職人に。その後、井上新太郎のもとで本瓦葺きの修業をし、二十六歳で独立。法隆寺、東大寺大仏殿の修理や再建の薬師寺、平城宮朱雀門の屋根の復元に従事。現在、唐招提寺金堂の鴟尾の復元、平城宮大極殿の再建に取り組む。平成六年、選定保存技術保持者。平成十年、労働大臣卓越技能者表彰。平成十三年、黄綬褒章受章。日本伝統瓦技術保存会会長。

カバー、本文瓦撮影、図版作成
三笘幸子
口絵撮影　齋藤亮一
写真、図版資料提供　山本清一
奈良文化財研究所
写真、図版割付　芦澤泰偉
テープ起こし　大野智枝子

めざすは飛鳥《あすか》の千年瓦《せんねんがわら》

二〇〇六年四月二十四日　初刷
二〇一四年六月二十七日　二刷

著　者　山本清一
聞き書き　塩野米松
装丁者　芦澤泰偉
発行者　藤田　博

印　刷　㈱精興社
製　本　加藤製本㈱
発　行　㈱草思社
郵便番号　一六〇―〇〇二二
東京都新宿区新宿五―三―十五
電話営業〇三―四五八〇―七六七六
　　編集〇三―四五八〇―七六八〇
振替　〇〇一七〇―九―二三五五二

ISBN978-4-7942-1493-5